MW00963348

Petite histoire de l'islam

Mohammad Ali Amir-Moezzi
et Pierre Lory

Petite histoire
de l'islam

Librio

Inédit

LA SÉRIE «PETITE HISTOIRE DES RELIGIONS» EN LIBRIO
EST DIRIGÉE PAR JEAN BAUBÉROT

© E.J.L., 2007

SOMMAIRE

AVANT-PROPOS

L'islam aujourd'hui fait régulièrement la « une » de l'actualité. La communauté musulmane française, en ses différentes composantes, est la plus importante d'Europe et l'islam est la seconde religion de France. Pourtant cette religion reste largement méconnu et est souvent l'objet de jugements hâtifs et péremptoires.

À distance de ces préjugés, il existe cependant des ouvrages savants qui nous exposent tel ou tel des multiples aspects religieux, culturels, civilisationnels de l'islam. Chacun de ces livres, pour pouvoir aller au fond des choses, traite d'un penseur ou d'un théologien, d'un pays ou d'un courant, d'une époque... Il livre une pièce de l'ensemble.

Entre les stéréotypes qui circulent, prenant parfois valeur d'évidence par leur seule répétition, et les ouvrages spécialisés souvent d'accès difficile, rares sont les livres capables de rendre accessible à un large public l'histoire de bientôt quatorze siècles d'un Islam qui va « du Maghreb à l'Indonésie, en passant par l'Afrique noire, les Balkans, l'Asie centrale ou le subcontinent indien » (voir p. 11).

Il est donc réjouissant que deux savants professeurs de l'École pratique des hautes études en Sorbonne se soient attelés à cette mission en apparence impossible, et l'aient brillamment réussie. Ils nous permettent de connaître l'arrière-fond historique et les grilles d'interprétation qui donnent sens aux allusions que nous rencontrons dans les médias et nous font mieux comprendre que la réalité ne se réduit nullement à l'actualité. En effet, ils nous entraînent, à leur suite, à découvrir la riche histoire de l'islam, un dans ses fondements et très divers dans ses manifestations spatiales et temporelles et qui, comme ils l'indiquent avec intelligence et finesse, recèle de « vastes potentialités dans l'expression de ses valeurs, de ses symboles et de sa foi ».

Jean BAUBÉROT
Président d'honneur de
l'École pratique des hautes études

INTRODUCTION

Notre objectif dans cette *Petite histoire de l'islam* est de revenir au fait religieux, aux doctrines, aux pensées et à leur histoire. En islam et chez ses fidèles – comme dans toute communauté religieuse qui fonde sa légitimité sur des textes qu'elle considère comme saints –, l'histoire des doctrines va de pair, voire détermine une large part de l'histoire tout court. Notre ouvrage cherchera à fournir quelques repères essentiels de ces doctrines et de ces interprétations des textes sacrés. Nous croyons que la clé de l'histoire, dans ses dimensions politique, sociale, économique, n'est autre, très souvent, que l'histoire de la religion, la structure de ses formes, ses manières de comprendre la réalité. Notre démarche aboutit à une évidence qu'il convient de rappeler, peut-être plus aux musulmans eux-mêmes qu'à d'autres : la diversité extrême de l'islam. Notre travail tente d'illustrer cette réalité indispensable pour une compréhension adéquate de cette religion et de son histoire, depuis ses origines jusqu'à nos jours. L'islam n'est pas monolithique. Il ne l'a jamais été. Comme pour toutes les grandes religions, cette pluralité est de différentes natures.

Elle est d'abord d'ordre historique. Sur ce plan, on pourrait dire qu'il y a trois islams :

– D'abord *l'islam de l'origine, celui du prophète Muhammad* († 632) ; objectivement, nous ne le connaissons que très peu. Ce que nous en savons provient presque exclusivement des représentations que cherchaient à en donner les auteurs musulmans dont les plus anciens écrivaient près de deux siècles après les événements. À cette époque, le mode de vie et de pensée des premiers musulmans était déjà loin. Cet islam des origines a été décrit en fonction de conceptions, de luttes, de doctrines bien plus tardives, issues d'une civilisation nouvelle.

– Il y a ensuite *l'islam des clercs*, les professionnels et les gestionnaires du religieux ; les élaborateurs de la loi canonique qui, alliés aux anciens commerçants devenus guerriers et conquérants, ont, à juste titre, ressenti le pressant besoin en réglementations d'immenses terres conquises, de colossales fortunes acquises, d'innombrables peuples soumis. Là encore, les sanglants conflits fratricides et les conquêtes auraient été des facteurs décisifs. Élaborer les lois de la guerre sainte, définir les limites de la foi et de l'incroyance, la volonté de faire de l'arabe la langue administrative, tout cela marqua les premières étapes de la lente prise de pouvoir des docteurs de la Loi, dès l'époque omeyyade (661-750). Cet islam, entraînant souvent les masses, se croyait autosuffisant ; satisfait de lui-même. Il se voulait fermé, puisque supérieur à toute autre culture.

– Enfin, on pourrait parler d'un *islam des non-clercs* : celui des historiens et historiographes, poètes, géographes, hommes de lettres, philosophes, mystiques, médecins, scientifiques, philologues et grammairiens, artistes et architectes... Beaucoup d'entre eux furent aussi théologiens, juristes, exégètes ou juges. Cependant, issus presque toujours de peuples conquis, ils ont été les représentants d'un islam ouvert, curieux, en quête de connaissance, de nouveautés, d'adaptations et d'assimilations. Découvreurs, traducteurs, commentateurs et transmetteurs de cultures antiques – gréco-alexandrine, syro-byzantine, iranienne, indienne... –, ce sont principalement ces derniers qui, en le payant parfois très cher, firent de l'islam, souvent à travers de sublimes travaux herméneutiques, une culture et une civilisation parmi les plus remarquables de l'histoire de l'humanité, plus particulièrement aux IXe et Xe siècles, sous le califat abbasside de Bagdad.

Ce dernier point révèle une autre pluralité culturelle, ethnique, géographique ; en effet, l'islam n'est pas seulement une religion mais aussi une civilisation qui, dans sa richesse et sa complexité, a servi de fondement, depuis de nombreux siècles, à plusieurs cultures ayant chacune son histoire propre, et qu'on a pris l'habitude d'appeler au singulier la civilisation musulmane. Mais comment peut-on parler au singulier lorsqu'il s'agit de terres qui vont du Maghreb à l'Indonésie, en passant par l'Afrique noire, les Balkans, l'Asie centrale ou le subcontinent indien ? Mis à part un nombre très limité de pratiques et de croyances communes, les choses divergent, parfois fondamentalement, d'une culture à l'autre. L'islam mauritanien est très différent de l'islam iranien et un musulman albanais se reconnaîtrait difficilement dans les croyances d'un Turkmène ou d'un Malgache. Considéré sous cet angle, il y a autant d'islams que de cultures existant entre musulmans. En outre, ceux-ci sont composés d'une majorité de sunnites – à peu près quatre cinquièmes –, d'une minorité de chiites – près du cinquième – et d'un tout petit nombre de kharédjites, surtout actuellement en Afrique du Nord. Chacune de ces familles est en plus parcourue de nombreux courants de pensée, tendances spirituelles, écoles juridiques et théologiques. Mis à part les intégristes wahhabites et leurs acolytes volontaires ou involontaires niant violemment ces pluralités, aussi bien lettrés et croyants ordinaires musulmans que chercheurs scientifiques ont toujours su que celles-ci constituent la principale raison des richesses innombrables de l'islam, de ses univers spirituels et intellectuels.

I

LES ÉVÉNEMENTS FONDATEURS

L'islam est issu de la prédication du prophète mecquois Muhammad au début du VIIe siècle. Selon la tradition, Muhammad est né vers 570 à La Mecque, ville relativement importante, tirant ses ressources du commerce caravanier et du pèlerinage annuel. Orphelin dès sa petite enfance, il devint un notable dans la ville de La Mecque à la suite de son mariage avec une commerçante, Khadîja, qui lui donna un enfant, leur fille Fâtima. Vers 610 sa mission prophétique se déclara par suite de la visitation d'un ange, selon ses propres récits. Muhammad commença à prêcher d'abord à ses proches, puis publiquement à partir de l'année 612. Il arriva à convertir un petit groupe de Mecquois, mais la majorité de ses concitoyens furent de plus en plus hostiles à cette prédication monothéiste qui mettait en cause, outre le culte traditionnel à leurs divinités, l'ordre tribal lui-même.

La situation à La Mecque se détériorait tellement que les premiers musulmans eurent à craindre pour leur sécurité et préférèrent émigrer. L'occasion se présenta en 622, lorsqu'ils furent accueillis par la population de l'oasis de Médine, à trois cent cinquante kilomètres au nord de La Mecque, qui choisit de désigner Muhammad comme son chef et arbitre. Au cours des dix années qui suivirent cette émigration – en arabe *hijra*, d'où « hégire » –, Muhammad réussit à accomplir l'essentiel de son programme politique et militaire. Il assura la cohésion de la ville de Médine qui se convertit progressivement à l'islam, réduisant ou expulsant les opposants, notamment les tribus juives. Simultanément, il portait la guerre contre les païens de La Mecque, interceptant leurs caravanes, attaquant les tribus qui leur étaient alliées. Après plusieurs batailles et de subtiles négociations, il amena en 630 les Mecquois à adopter l'islam et à se soumettre à son pouvoir. Dans les deux années qui suivirent, Muhammad réussit à rallier par force ou par négociation la quasi-totalité des régions de l'Arabie, pour la première fois de son histoire unifiée en un seul État. En 632, Muhammad mourut, sans avoir apparemment laissé de directives quant à sa succession tant politique que spirituelle. Une rivalité se déclara entre le parti des Mecquois Abû Bakr et 'Umar, représentant les bénéficiaires du nouveau pouvoir, et le parti des clans insatisfaits, opposants pour des raisons variées, regroupé derrière 'Alî, cousin du Prophète, dont il avait par ailleurs épousé la fille Fâtima et à qui il avait donné ses seuls descendants, Hasan et Husayn.

De ce fait, après la mort du Prophète, l'islam naissant aurait pu imploser, car cette prédication religieuse était trop neuve pour souder à elle seule une société. Il appartint au génie propre aux premiers successeurs de Muhammad – les califes – et à leurs généraux de maintenir l'unité de la communauté en la lançant dans l'entreprise de grandes conquêtes. Le premier calife, Abû Bakr (qui régna de 632 à 634), fut surtout occupé à ramener l'unité en Arabie même, où de nombreuses tribus refusaient de payer l'impôt après la mort du Prophète. Le second, 'Umar (de 634 à 644), fut le grand organisateur des conquêtes qui, en l'espace de quelques années, annexèrent à l'État musulman la Syrie (636), la Mésopotamie (637) et l'Égypte (642). L'expansion musulmane se poursuivit sous le troisième calife, 'Uthmân (de 644 à 656), avec notamment l'annexion de l'Iran. Le califat du quatrième calife 'Alî fut largement occupé par une guerre civile opposant les partisans de 'Alî, mécontents du partage des nouvelles richesses issues de la conquête, aux partisans de la famille qurayshite des Omeyyades représentant les intérêts de la bourgeoisie commerçante et de l'aristocratie militaire (bataille de Siffîn, 655). Les Omeyyades proclamèrent leur propre califat à Damas en 680 ; 'Alî, militairement très affaibli, mourut assassiné en 681. De ces événements décisifs date la constitution, à l'intérieur de l'islam, de courants rivaux, dont le chiisme (cf. *infra*, p. 54). Le règne des Omeyyades dura jusqu'en 750, date à laquelle les insurgés abbassides instaurèrent une nouvelle dynastie qui s'installa bientôt dans une nouvelle capitale, Bagdad. La victoire des Abbassides marque l'accession aux différents degrés du pouvoir de nouveaux groupes sociaux et nationaux (non arabes). Les Abbassides prirent fait et cause pour l'islam sunnite (cf. *infra*, p. 32), mais leur règne manifesta un certain, respect pour la pluralité religieuse. On le considère souvent comme le début de « l'âge d'or » de la civilisation musulmane classique.

II

LE SUNNISME

Le sunnisme constitue le courant majoritaire en islam, regroupant environ 80 à 85 % des populations musulmanes. Pour autant, il serait inexact de l'appeler l'islam « orthodoxe », comme on le voit écrit trop souvent. Cette référence à une « orthodoxie » est une prise de position théologique rejetant les autres communautés musulmanes – chiites, kharédjites, courants rationalistes – dans un statut d'« hétérodoxie ». Or il n'existe en islam nulle instance religieuse autorisée à statuer sur le dogme, et à rejeter ou excommunier des courants jugés déviants. Il s'est constitué aux origines de l'islam un noyau de croyances communes à tous les musulmans. L'essentiel en est : foi dans l'unicité et l'unité de Dieu, dans la mission de prophètes dont Muhammad est le dernier, dans les livres sacrés dont le Coran est le plus parfait, dans la résurrection des morts et la rétribution de tous les humains. Toute personne professant cette foi est considérée comme musulmane de plein droit. Au-delà de ce noyau, de nombreux articles de foi peuvent varier selon les courants de pensées et de spiritualité. Les chiites professent l'autorité spirituelle des Imams, idée que les sunnites rejettent comme une « innovation » (*bid'a*). Mais les sunnites considèrent les chiites comme musulmans de plein droit. Tous accomplissent ensemble le même pèlerinage à La Mecque. Pour cette raison, nous préférons parler de l'islam sunnite simplement comme courant « majoritaire ».

A. LE CORAN

Dès l'année 634, la jeune communauté musulmane s'est investie dans les conquêtes hors de l'Arabie. Des vastes provinces ont été conquises ; il s'agissait de les administrer, de créer des villes nouvelles, des cadres politiques. Il ne faut cependant pas imaginer que la pensée proprement religieuse est restée à l'arrêt, passant à l'arrière-plan par rapport à l'activité militaire et politique. Bien au contraire. Dès la mort du prophète Muhammad, la communauté s'était affrontée sur des problèmes de succession et de prise du pouvoir exacerbés en 655 avec la bataille de Siffîn et la crise qui suivit. Celle-ci induisit des questions cruciales : Qui a le droit légitime de guider la communauté comme successeur du Prophète – comme « calife » – et selon quels critères ? Quelle est l'étendue de la compétence religieuse de la mission de ces califes ? Les mouvements chiites se constituèrent en opposition au pouvoir des califes omeyyades victorieux au nom de la légitimité politique et religieuse revenant selon eux aux seuls Imams (voir chap. III). Les kharédjites, eux, adoptaient une position radicale : nul ne peut se dire musulman si ses actes contredisent la foi et la morale de l'islam. Un homme, *a fortiori* un chef d'État se disant musulman mais commettant des actes d'injustice et d'impiété (comme certains califes omeyyades) est pire qu'un menteur et un imposteur : c'est un apostat, un mécréant, et la guerre de *jihâd* peut être portée contre lui.

Dans les principales cités musulmanes – La Mecque et Médine bien sûr, puis Bassora, Coufa, Damas et Bagdad –, des hommes se sont plus particulièrement consacrés à l'étude des fondements les plus sacrés de la nouvelle religion, posant peu à peu les bases d'un droit religieux et d'une théologie cohérents répondant aux grandes questions posées, qu'elles soient politiques ou théologiques. Le premier fondement de leur effort et de leur réflexion était bien sûr le Coran. Le Prophète disparu, son principal legs devenait, de l'avis de tous, la parole divine transmise durant toute sa mission. Le Coran est progressivement

17

devenu l'axe principal autour duquel s'est structurée la pensée musulmane.

1) Composition du Coran

Le Coran se présente comme l'ensemble des révélations, que le prophète Muhammad, d'après les récits traditionnels, a livrées depuis l'an 610 environ jusqu'à sa mort en 632. Certains fragments sont très courts : la sourate 110 ne comporte que trois versets, et parfois un verset unique était donné puis inséré dans un texte plus étendu. D'autres fragments sont très longs, dépassant la centaine de versets, comme dans le cas de la sourate 12, sur Joseph, dont l'unité textuelle est indéniable. À l'époque du Prophète, ces fragments étaient peu et sans doute très partiellement mis par écrit. Les Arabes écrivaient sur des matériaux de fortune : feuilles de palmier, omoplates d'animaux, tessons de poterie. De façon plus générale, l'écriture était peu employée. L'essentiel passait par la mémoire. Ainsi les Arabes cultivaient-ils une riche poésie. Celle-ci était apprise par cœur, transmise oralement pour l'essentiel. C'est ce qui a dû se passer pour le Coran également. Chaque nouveau fragment du Coran était appris par cœur par des « secrétaires », qui le mémorisaient et le transmettaient aux autres croyants. Les historiens musulmans affirment que des copies du Coran existaient du vivant même du Prophète, mais l'ampleur voire l'existence même de ces collections n'est pas établie.

Certaines personnes étaient célèbres pour connaître le Coran dans sa totalité ; parmi elles, 'Alî ibn Abî Tâlib, Zayd ibn Thâbit, Ubayy ibn Ka'b, 'Abd Allâh ibn Mas'ûd. D'autres lecteurs connaissaient seulement des parties du texte sacré. La majorité des croyants n'avait sans doute mémorisé qu'un petit nombre de versets, la quantité nécessaire pour la récitation quotidienne des prières rituelles. La constitution du corpus coranique tel que nous le connaissons actuellement eut lieu après le décès du Prophète (632). Les sources musulmanes divergent quant au moment, au lieu et à la modalité de la composition finale du Coran. Le récit le plus couramment admis en milieu sunnite est le suivant. Le troisième calife, 'Uthmân, aurait été alerté que les musulmans répartis dans les provinces éloignées de l'empire récitaient certains passages du Coran de façon assez divergente. Le danger que d'importantes fluctuations du texte révélé faisaient courir à l'unité de la communauté et de l'empire semblait patent. C'est ce qui aurait poussé le calife 'Uthmân à constituer en 653 ce que nous appellerions aujourd'hui une « commission d'experts », chargée de colliger les différents fragments connus du Coran et de les assembler en une version stable et définitive. Zayd ibn Thâbit fut préposé à cette délicate mission. Sous la direction de Zayd, les différents fragments furent réunis, répartis en cent quatorze chapitres (sourates). Puis 'Uthmân fit recopier cette version finale, en envoya des exemplaires dans les principaux chefs-lieux des provinces.

Telle est du moins la version sunnite courante. Les choses furent sans doute plus compliquées, plus fluctuantes. La tradition sunnite reconnaît que d'importantes divergences existaient pour de nombreux passages du texte coranique. Plusieurs fragments étaient reconnus comme coraniques par certains lecteurs, non par d'autres. On discutait quant à savoir si l'actuelle première sourate (la *Fâtiha*, l'Ouvrante), ou les sourates 113 et 114 faisaient partie du Coran, ou bien constituaient des protocoles liturgiques indépendants. Des lecteurs connus et respectés comme Ubayy ibn Ka'b et 'Abd Allâh ibn Mas'ûd exprimèrent leur désaccord sur la version officielle de 'Uthmân. Plus radicale encore, la critique chiite accusa la commission nommée par 'Uthmân d'avoir censuré un nombre très important de versets visant en fait 'Alî ibn Abî Tâlib et les Imams (cf. *infra*, p. 65-68). Quoi qu'il en soit, la version 'uthmânienne du Coran s'imposa. Elle est la seule qui fasse autorité, et ce jusqu'à nos jours. Les chiites l'utilisent également, ils ne revendiquent pas un autre texte comme Parole divine.

Le Coran dans sa version finale se présente comme un livre compact de quelque 6 226 versets, composé en arabe littéraire dans un style particulier, dans une prose rythmée, cadencée, parfois assonancée. Il s'agit d'une collection de fragments disposés dans un ordre qui n'est pas chronologique – comme le sont les récits de la Bible (Genèse, Exode... ; Josué, Samuel 1 et 2, Rois 1 et 2...). Il ne contient pas non plus de plan thématique, on y constate le passage constant d'admonestations, d'exhortations à croire, à des récits sur la vie des prophètes du temps passé (Adam, Noé, Abraham, Moïse, Joseph, Jésus...), puis à des descriptions de la rétribution de l'au-delà, mêlées éventuellement à des prescriptions d'ordre cultuel ou juridique.

2) Le contenu du Coran

Il peut se résumer en quelques points essentiels :

– D'abord, *un grand nombre d'exhortations* à n'adorer que Dieu (Allah), à l'exclusion de toute autre divinité. Non seulement il n'est pas d'autre Dieu, mais aucun être ne peut partager sa souveraineté ou son pouvoir, fût-il un ange, un homme thaumaturge (comme le Christ), ou un esprit terrestre (djinn). Adorer un autre être que Dieu est un péché irrémissible, absolument condamnable ici-bas et puni par les tourments infernaux dans l'au-delà. Dieu est parfaitement Un, il n'existe pas de division en Lui (refus du dogme de la Trinité).

– Le Texte exhorte à suivre *les enseignements du prophète Muhammad*, et à lui obéir. Muhammad vient à la suite des grands prophètes ; et l'histoire de ceux-ci (Abraham, Moïse, Jésus...) est fréquemment évoquée dans le Coran. Pour ce Texte, toutes les prédications de tous les prophètes ont sur le fond été identiques. Si des divergences existent, c'est que les juifs puis les chrétiens ont altéré l'enseignement d'Abraham, de Moïse et de Jésus. Muhammad vient corriger ces déviances, ramener le monothéisme originel ; il est par ailleurs le dernier des prophètes, le sceau de la prophétie (Coran 33, v. 40). De ce fait, les religions antérieures sont abrogées par sa prédication. Juridiquement, les juifs et les chrétiens peuvent continuer à pratiquer, mais d'un point de vue religieux, leur mission est achevée et leur permanence est résiduelle.

– *Tous les hommes seront ressuscités* après la fin de ce monde, corporellement. Les croyants seront récompensés par les délices d'un Paradis présenté comme un jardin, où nourritures et plaisir sexuel combleront les Bienheureux. Les incroyants seront précipités en Enfer, brasier où ils seront torturés pour l'éternité.

Le Coran contient enfin un grand nombre de *conseils d'ordre moral*, et un certain nombre de dispositions de type juridique (mariage, héritage, partage du butin, prescriptions pénales). De nombreux passages font des allusions à des événements précis de l'histoire de la jeune communauté musulmane.

Le texte coranique une fois fixé, s'est posée de façon inévitable la question de *l'interprétation du texte sacré*. Toute lecture de tout texte comporte nécessairement une part d'interprétation, qu'il s'agisse d'un texte doctrinal, d'une fable mythologique ou d'un discours politique. *A fortiori* les pressions de l'interprétation seront-elles importantes s'agissant d'un texte révélé, dont le locuteur supposé est Dieu. En principe, Dieu n'est pas analogue à un auteur humain dont on peut inférer les réactions, le cheminement intellectuel ou moral. Il n'existe à son sujet nul témoignage qui rende compte de ses motivations. Il est délicat pour l'exégète de se « mettre à la place » de Dieu pour rendre compte de la portée exacte des versets ; telle prescription (alimentaire ou vestimentaire, par exemple) est-elle un conseil, ou bien un ordre formel ? D'autre part, le Coran est en soi un texte comportant de multiples difficultés et obscurités. On trouve très fréquemment dans le Coran des versets difficiles à comprendre à cause de leur vocabulaire archaïque, parfois non arabe (araméen, perse, grec...), de leurs tournures compliquées, de l'absence de contexte.

Le courant « sunnite » a trouvé sa configuration progressivement au cours de ces débats exégétiques. Majoritaire dès le Moyen Âge et jusqu'à nos jours, il n'est pas né spontanément. Aux questions cruciales : « Qui a le droit d'interpréter le Coran, et comment doit-on procéder pour comprendre le texte sacré ? », le sunnisme a recherché une réponse consensuelle. Cette position sunnite s'est constituée par réaction, par le refus historique de deux positions dogmatiques ayant marqué l'évolution de l'islam dès ses débuts :

– La première est *le chiisme* (cf. chap. III). Pour les chiites, Dieu a confié le soin de guider la communauté musulmane à des personnes inspirées, infaillibles, prolongeant l'enseignement du prophète Muhammad. Les futurs « sunnites » ont réagi vivement à cette position. Ils refusaient l'autorité charismatique des Imams chiites pour des raisons multiples. Politiquement, le chiisme affirmait que seuls les Imams devaient diriger la communauté. Il constituait de ce fait une remise en cause de l'autorité des trois premiers califes, des califes omeyyades, puis abbassides, considérés comme des usurpateurs. De plus, la majorité des musulmans à cette époque (VIIIe-IXe siècles) ne pensaient pas que le Prophète avait nommé un successeur en la personne de 'Alî et des autres Imams. Ils estimaient que la communauté dans son ensemble, représentée par ses docteurs, était en charge de l'élaboration de la vérité, non un petit nombre d'hommes inspirés.

– À l'opposé de l'attachement à l'autorité charismatique des Imams, un courant, d'orientation rationaliste, se dessina dès le début de l'époque abbasside, dont le principal représentant fut *l'école mu'tazilite*. Pour ses partisans, le raisonnement humain est le principal instrument de l'exégèse. Car Dieu a donné aux hommes – à tous les hommes – un outil qui leur permet de comprendre clairement le Coran : cet outil est la raison. Chaque être humain en possède suffisamment pour comprendre la Révélation et faire, librement, son salut. Aux mu'tazilites rationalistes, la majorité des musulmans opposaient une vision nettement différente de l'être humain. Pour eux, la raison humaine est un outil faible et erratique lorsqu'elle se meut dans le domaine moral et religieux. L'homme est en fait incapable de connaître le chemin juste qui le conduirait au salut éternel : ni comment agir, ni comment il sera jugé, ni même si une vie après la mort l'attend. Les hommes ont donc besoin d'une révélation venant de Dieu, sans laquelle ils sont voués à la perdition. Si certains passages du Coran leur échappent, ils n'ont pas à les juger à l'aune de leurs pauvres capacités de compréhension, mais admettre que le texte divin contient une sagesse qu'ils ne peuvent atteindre. Contre les mu'tazilites, les sunnites prônent donc une lecture littéraliste, fidéiste du Coran.

Historiquement, le sunnisme développa l'idée qu'il faut se rattacher à l'exemple et à l'enseignement du seul homme qui n'était pas pécheur et faillible comme les autres, le prophète Muhammad. La vénération envers le prophète Muhammad se développa au point d'aboutir à ce qui devint le dogme central du sunnisme : à savoir que Muhammad seul était infaillible en matière religieuse. Tout ce qu'il avait enseigné à ses fidèles en matière de religion et de mœurs en dehors de la révélation proprement dite, le Coran, est donc vrai, garanti par Dieu contre l'erreur. Les sunnites conçurent toutes les paroles et tous les comportements de Muhammad comme des commentaires vécus de la révélation coranique. Ainsi se constitua une seconde source d'autorité en matière religieuse, parallèlement au Coran : l'enseignement du prophète Muhammad, sa *sunna*, c'est-à-dire sa « coutume, manière d'agir ». Cette attitude fondatrice est résumée dans la formule par laquelle ce groupe se définissait : les « partisans de l'enseignement (*sunna*) du Prophète et de la communauté (*ahl al-sunna wa-al-jamâ'a*) ». D'où l'appellation « sunnites » qui leur est restée. « Le Coran et la *sunna*, voilà la religion », proclamait Ibn Hanbal († 855), un des principaux promoteurs de ce sunnisme originel.

Le fondement de l'attitude sunnite va engendrer une forme de pensée référant avant toute chose aux textes sacrés, à savoir le Coran et les paroles attribuées au Prophète, les hadiths (unités textuelles sur laquelle la *sunna* se fonde). On a pu dire avec raison qu'en islam « toute question est en définitive un problème d'exégèse ». Au cours des VIIe – Xe siècles se sont développées des sciences religieuses diverses, qui se déployaient autour de l'interprétation du Coran et des hadiths comme une immense rosace.

3) Comprendre le Coran

Commençons par l'étude et la compréhension du Coran lui-même qui se sont développées sur plusieurs générations. On peut considérer qu'elles ont trouvé un achèvement au Xe siècle. De cette époque-là datent les grands ouvrages, les grandes sommes. Dans le domaine du commentaire coranique, le grand commentaire de Tabarî († 923) constitue une somme inégalée de matériaux documentaires pour le sunnisme.

Les principales disciplines incluses dans l'exégèse coranique sont :

– D'abord, *la grammaire et la lexicographie*. Le Coran, message divin pour tous les musulmans, a été composé en langue arabe. Il est considéré comme un chef-d'œuvre littéraire insurpassable, et cette qualité est présentée comme un miracle. La langue arabe se trouve par le fait même haussée à un degré d'idiome sacré, de langue parfaite – tout comme, en d'autres climats religieux, l'hébreu ou le sanskrit. Le Coran ne peut être utilisé, dans la liturgie comme dans le droit, qu'en arabe, exclusivement. Seule la version arabe du Texte fait autorité. Comprendre, maîtriser l'arabe, est ainsi devenu un impératif absolu pour les élites – même profanes – du monde musulman. Pour l'exégèse proprement dite, insistons sur ce que nous disions plus haut : la raison humaine est incapable de comprendre seule son destin, la nature ou la volonté de Dieu. Elle doit nécessairement se fonder sur la Révélation. Le sunnisme se méfiant des spéculations rationalistes, cherchant à éviter par tous les moyens possibles les interprétations arbitraires et purement humaines du verbe divin, préconise une lecture des versets aussi littérale que possible. De ce fait, nul musulman ne peut se dire théologien ou juriste s'il ne maîtrise pas d'abord parfaitement la langue de la Révélation – et ce, même si la grande majorité des musulmans ne sont pas arabophones au départ.

À l'époque de la révélation coranique, il n'existait bien entendu pas de théorie de la grammaire arabe. Qui plus est, les linguistes musulmans soulignèrent les différences dialectales qui existaient à l'époque du Prophète. Ce n'est que progressivement, et dans le but de mieux comprendre et utiliser la langue de la Révélation – devenue en même temps langue officielle de tout un empire, vecteur d'une riche culture – que des savants musulmans ont codifié cette langue, mettant en relief ses règles, sa logique interne, son usage dans le discours de ses locuteurs les plus autorisés. Elle est devenue un facteur d'unité essentiel. Indépendamment même des questions exégétiques et liturgiques, l'arabe est resté jusqu'à nos jours un puissant lien entre toutes les communautés se réclamant de l'islam.

– *L'histoire du texte*. Une partie très importante des versets est en effet liée à des circonstances précises ayant entouré la vie de Muhammad et l'histoire des premiers croyants. Globalement, les sourates sont divisées entre « mecquoises », révélées de 610 à 622, et « médinoises », révélées depuis l'hégire jusqu'à la mort du Prophète en 632. Cette division est cependant loin d'être évidente pour tous les passages. Il y a hésitation sur plusieurs sourates, et des versets d'une période ont pu être interpolés dans l'autre au cours de la composition finale. Par ailleurs, plusieurs passages coraniques font des allusions à des événements historiques précis : l'hégire, les batailles de Badr (3, v. 123-127 ; 8, v. 5-12) et de Uhud (3, v. 152-155) notamment, les débats parfois vifs entre Muhammad et les juifs et/ou les chrétiens à Médine, certains événements privés de la vie de Muhammad – ainsi son mariage inattendu avec la femme de son fils adoptif Zayd ibn Hâritha (33, v. 37-38)... Bref, une compréhension correcte de ces versets suppose une étude approfondie d'événements historiques. Ceux-ci ont été colligés et présentés dans des ouvrages de type chronique comme la célèbre *Sîra* de Ibn Ishâq († 767) ou l'histoire universelle rédigée par Tabarî († 923), qui soulignent les rapports entre événements historiques de la vie du Prophète et versets coraniques.

– *D'autres « sciences coraniques »* concernent la portée des différents versets. La question, souvent liée au droit, est de savoir qui est concerné par telle ou telle injonction ou affirmation coranique, et en quelle circonstance. Si le Coran enjoint de prendre les armes pour un combat de *jihâd*, on peut par exemple spécifier que cet ordre ne concerne ni les femmes, ni les enfants, ni les vieillards, ni les hommes en charge de famille, etc. ; qu'il ne s'applique pas en tout temps et en tout lieu, mais uniquement aux moments où la communauté est menacée. Par contre, l'injonction de respecter ses parents s'applique à tous, en tout lieu, à tout moment. L'obligation de faire des ablutions avant la prière vaut pour tous, sauf bien sûr pour les enfants qui ne prient pas encore. De même pour le jeûne du ramadan, etc. Une autre science auxiliaire est celle de l'« abrogation ». Lorsque plusieurs versets sont en contradiction, les exégètes repèrent lequel est le plus récent : c'est lui qui « abroge » les versets plus anciens. Ainsi, les passages faisant l'éloge ou tolérant l'usage du vin se sont trouvés abrogés par le verset 5, v. 90-91 y voyant un piège satanique.

– Enfin, un soin méticuleux est accordé à *l'enseignement de tout ce qui concerne la prononciation des versets, leur psalmodie*. Il faut se souvenir que le Coran étant parole sacrée, divine, sa prononciation – ou son écriture – deviennent des actes graves, d'une portée presque « sacramentelle ». Il est essentiel que chaque groupe de croyants compte des hommes sachant appeler à la prière (muezzins), sachant réciter les passages coraniques lors des prières communes (imams), pouvant commenter ces versets lors des sermons du vendredi midi.

Ces sciences coraniques permettent au croyant d'aborder le texte dans le sens de la pensée sunnite. Celle-ci, nous l'avons vu, est orientée vers l'idée qu'il fallait, avant d'interpréter subjectivement, consulter l'enseignement du prophète Muhammad. D'où la nécessité de procéder à l'étude approfondie des paroles de Muhammad, les hadiths, comme complément indispensable à la compréhension du Coran.

B. LE HADITH

Les sciences du hadith constituent donc une des disciplines clés de la pensée musulmane. Le Coran délivre un message général, des injonctions à croire, des promesses et des menaces eschatologiques ; mais il donne peu de détails quant à la vie concrète des croyants. Il est impossible d'établir un ordre juridique et moral précis à partir du seul Coran. Cette exigence, jointe à une immense ferveur envers le prophète de l'islam, conduisit un grand nombre d'étudiants à recueillir partout où cela était possible la mémoire de paroles que le Prophète aurait prononcées, ou bien de récits décrivant ses actions. Les hadiths n'avaient pas été mis par écrit au départ, du vivant du Prophète ou durant les premières générations musulmanes – si l'on excepte certaines collections privées ou locales d'un volume limité. À partir du VIIIe siècle, l'idée du recours nécessaire à la tradition prophétique s'imposa. Des centaines de lettrés se mirent à prendre la route et à voyager de ville en ville en enquêtant pour récolter un maximum de « dires » attribués à Muhammad, ou d'anecdotes concernant son comportement. Le hadith « recherche la science fût-ce jusqu'en Chine » fut appliqué presque à la lettre. Plus tard, l'époque de collection proprement dite étant passée, des « spécialistes » du hadith délivrèrent un enseignement systématique à des étudiants venus tout spécialement les consulter à cette fin. Ce vaste mouvement de collection aboutit à la mise par écrit de plusieurs grands recueils, comme les deux Sahîh de Bukhârî († 870) et de Muslim († 875). Ces ouvrages constituent, après le Coran, les textes les plus respectés de l'islam sunnite. Récolter des traditions auprès des savants connus resta durant les siècles qui suivirent une pratique très vivante. Elle était fondée sur l'importance de la transmission orale comme voie testimoniale. Écouter une parole transmise par oral de façon ininterrompue permettait en quelque sorte d'être à l'écoute de la voix du Prophète lui-même, de façon indirecte mais vivante.

La recherche des hadiths est toutefois loin de se limiter à une simple compilation. Dès l'origine de la collecte de ces témoignages, les savants musulmans se sont rendu compte de l'incertitude de leur collecte. Certains dires du Prophète leur étaient transmis avec d'importantes variations de formulation et de contenu. On leur présentait comme hadiths des dires de portée douteuse. Le danger de contrefaçon, d'invention pure et simple était très présent ; il pouvait venir justifier des positions politiques ou sectaires, des prédications eschatologiques à but politique. Ainsi le régime omeyyade faisait-il circuler des hadiths affirmant la prédestination générale des actes par Dieu – ce qui impliquait l'obéissance au souverain en place. Des hadiths comme « obéir au calife, c'est obéir à Dieu » ont probablement été mis en circulation pour justifier le même but. De pieux auteurs n'hésitaient pas à attribuer à Muhammad des idées qu'ils jugeaient profitables à la communauté. Les conteurs professionnels d'histoires pieuses cherchaient fréquemment à faire passer comme hadiths des légendes plus anciennes (bibliques et aggadiques notamment), ou même des récits de pure fiction.

Ces pratiques de falsifications menaçaient dans son fondement même l'islam sunnite. Afin d'y faire échec, les savants spécialisés élaborèrent une série de critères fondés principalement sur la vérification de la chaîne des transmetteurs du hadith. Ils prenaient note non seulement du texte même du hadith, mais aussi de qui avait transmis cette parole à leur propre informateur, de qui l'avait transmise à ce transmetteur et ainsi de suite, s'efforçant dans la mesure du possible de repérer l'ensemble des chaînons de la transmission jusqu'au prophète Muhammad lui-même. Il s'agissait de vérifier également si tous les transmetteurs avaient bien vécu au même moment et avaient pu se rencontrer dans l'espace ; s'ils étaient de bonne moralité, n'avaient pas versé dans des opinions douteuses (le chiisme, par exemple)... Cela supposait une accumulation de données historiques considérables. Cela dit, il était souvent impossible de remonter aussi loin dans le temps, à près de deux siècles de distance des événements. Certaines chaînes ne remontent qu'à quelques générations au-delà de l'informateur, d'autres contiennent des lacunes entre générations. Pour exemple, voici un hadith, rapporté par Bukhârî : « Al-Humaydî nous a rapporté d'après Sufyân, d'après Yahyâ fils de Sa'îd al-Ansârî, que Muhammad fils d'Ibrâhîm al-Taymî l'avait informé qu'il avait entendu 'Alqama fils de Waqqâs al-Laythî dire : j'ai entendu 'Umar fils d'al-Khattâb (que Dieu soit satisfait de lui) dire du haut de la chaire qu'il avait entendu le Prophète de Dieu (que Dieu lui accorde ses prières et son salut) s'exprimer en ces termes : "On ne jugera les actions que selon les intentions." »

Bien sûr, il n'a pas été possible d'établir des chaînes de transmission assurées pour les centaines de milliers de hadiths qui avaient cours à l'époque. Les spécialistes établirent des catégories précises, selon que la chaîne de transmission est interrompue ou non, qu'elle contient ou non des personnes de peu de confiance, qu'il existe une seule chaîne ou plusieurs pour le même hadith... Pour simplifier, on peut noter que les savants sunnites regroupent les hadiths en trois catégories principales :

– les « sains », dotés d'une chaîne de transmission complète, voire de plusieurs chaînes. Les deux recueils de Bukhârî et Muslim ne comprennent que des hadiths sains. Ceux-ci sont surtout abondants dans le domaine du rite et de la morale ;

– les « bons », dont les chaînes de transmission ne sont pas parfaites, mais présentent des garanties suffisantes. C'est une catégorie abondante dans le domaine juridique, où le besoin de textes faisant autorité est important ;

– les « faibles », dont les chaînes de transmission sont uniques, incomplètes, de qualité douteuse. Les hadiths faibles ne sont pas pour autant tous rejetés, notamment ceux qui expriment un conseil moral utile, une exhortation pieuse, autant de paroles que le Prophète « aurait pu » prononcer.

Cette littérature du hadith peut-elle être considérée comme sûre d'un point de vue documentaire historique ? La recherche contemporaine n'a pas entériné purement et simplement l'effort critique des savants traditionnels. S'appuyant sur les textes historiques et juridiques, des savants comme Ignaz Goldziher (en 1884) ou Joseph Schacht (en 1950) ont fait valoir que les enjeux de la collection des hadiths sont devenus importants à une époque tardive. L'élaboration des critères d'authenticité s'est donc faite à une époque où la mémoire n'était déjà plus fiable. Les chaînes de transmission ont pu être fournies, mais elles ne garantissent pas l'authenticité du texte : car à partir du moment où les critères de la science du hadith ont été établis, celui qui invente une parole qu'il attribue au Prophète peut aussi bien inventer une chaîne de transmission crédible adéquate. Goldziher n'affirme pas que tous les hadiths recensés dans les recueils sont apocryphes ; il affirme simplement qu'il n'est plus possible de savoir s'ils sont vraiment authentiques ou non ; et que paradoxalement, les hadiths dont la chaîne de transmission est parfaite sont peut-être plus suspects que ceux dont personne ne s'est appliqué à justifier tardivement la transmission. La recherche plus récente a toutefois tempéré les considérations de cette tendance. En bref, elle conclut que si l'authentification précise de chaque hadith reste impossible, on peut toutefois considérer que les textes colligés dans les recueils reflètent bien les enseignements oraux acceptés comme prophétiques dans les premiers temps de l'islam.

C. LE DROIT

Le droit occupe dans la vie religieuse musulmane une place prépondérante. En islam sunnite, l'idée prévaut que Dieu est inconnaissable, qu'on ne peut aucunement spéculer sur sa nature ou son comportement, mais simplement recevoir ce qu'Il a bien voulu révéler de Lui aux hommes dans le Coran. La théologie, au sens chrétien du terme, n'est donc pas au centre du dispositif doctrinal musulman. Ce que Dieu demande aux hommes, dans le Coran et selon le hadith, ce n'est pas être connu, mais être adoré et obéi. Les deux éléments centraux de la vie du musulman sont donc 1) le *culte* dû à Dieu et 2) le respect de *normes sociales* voulues par Lui. Par voie de conséquence, le personnage central dans la vie religieuse n'est pas le théologien, mais le juriste. Lorsqu'il est question en islam d'« hommes de religion », d'« oulémas », il s'agit en fait de savants avant tout spécialisés dans le droit musulman, le *fiqh*.

1) La naissance du droit musulman

Le droit musulman n'est pas né achevé et applicable dès le premier temps de l'islam. Lors de la période de la prédication muhammadienne jusqu'en 632, date de la disparition du Prophète, il n'existait pas de « droit » musulman à proprement parler. Pour le domaine, très vaste, des comportements sociaux, le droit coutumier arabe prévalait. Les règles du Coran entraient bien sûr en vigueur, leur application étant précisée et complétée par les directives orales de Muhammad que l'on pouvait venir consulter en cas de besoin. Mais elles étaient peu nombreuses et encore embryonnaires.

La situation devint tout autre après les premières conquêtes. La communauté musulmane se trouva répartie sur un territoire immense, vivant parmi des populations de culture ancienne dotées de systèmes juridiques propres. Ses autorités politiques durent résoudre des questions d'ordre administratif (impôts, par exemple), pénal ou tout simplement social d'une complexité croissante. Les califes omeyyades nommèrent des juges (cadis, de l'arabe *qâdî*) dans les principales cités de l'empire. Cela dit, l'élaboration du droit musulman s'est étalée sur trois siècles au cours desquels les discussions et les divergences ne manquèrent pas. Une question centrale était celle des sources mêmes des raisonnements juridiques. Les décisions des juges ne pouvaient être purement personnelles, puisqu'elles s'inscrivaient dans le cadre de la Loi religieuse, d'origine divine. Il était donc essentiel que le cadi en respecte l'esprit et l'intention à défaut de directives textuelles précises dans le Coran. Deux attitudes de base se sont alors dessinées et affrontées au cours de cette période omeyyade :

– Une attitude « empirique », répandue notamment parmi les juristes d'Irak, se fondait sur la « tradition vivante » de la communauté. Face à une question juridique non traitée par le texte sacré ou par la pratique de la première génération des musulmans, ces cadis tranchaient en fonction de leur jugement personnel appliqué à ce cas précis. Il importait surtout que la décision du juge ne heurte aucune prescription coranique explicite.

– Une seconde attitude peut être qualifiée de « traditionniste ». Plus implantée dans le Hedjaz, dans les villes de La Mecque et Médine, elle s'opposait à celle des « Irakiens » sur des points essentiels. L'objectif des juristes « traditionnistes » était d'éliminer dans la mesure du possible tout élément d'arbitraire individuel humain dans l'application de la Loi divine. Il s'agissait pour eux de délimiter dans le plus grand nombre de domaines de la vie humaine quelle est la volonté de Dieu sur les croyants. Leur souci constant, pour résoudre les questions non traitées dans le Coran, fut de trouver au hadith des références aussi précises que possible dans les enseignements oraux du prophète Muhammad.

Le débat entre les deux courants fut long et âpre. Progressivement mais de façon irréversible, les « traditionnistes » partisans du hadith obtinrent gain de cause. Lorsque les Abbassides prirent le pouvoir en 750, ils s'efforcèrent de promouvoir un islam rigoureux et unifié. Un vaste mouvement d'élaboration et de codification du droit eut lieu au cours des VIIIe et IXe siècles de notre ère. Il aboutit à une synthèse achevée vers le début du Xe siècle. On dit souvent qu'à ce moment « les portes de l'effort interprétatif personnel se fermèrent ». Cela signifie qu'à partir de cette époque les bases théoriques du droit musulman et ses principaux acquis ne furent plus remis en question. Mais cela n'empêcha pas les juristes de réfléchir et de continuer à répondre – dans ce cadre précis – aux questions nouvelles qui se posaient, notamment par le biais de consultations juridiques (*fatwâ*). Cette synthèse dans le domaine du droit est constituée par deux éléments relativement distincts : d'une part, une théorie générale des fondements du droit, et d'autre part un ensemble de dispositions pratiques s'appliquant à la vie personnelle et sociale des croyants.

2) La théorie générale dite des fondements

La théorie générale dite des fondements (littéralement : des racines) du droit constitue la démarche la plus originale et la plus représentative de la pensée musulmane traditionnelle. Les fondements ou « racines » du droit musulman sont au nombre de quatre :

– Le Coran représente bien sûr la première référence, l'autorité suprême pour le croyant cherchant à connaître la volonté divine. Les musulmans sont unanimes pour lui accorder cette préséance. Cependant, le texte sacré n'aborde qu'assez brièvement les questions d'ordre juridique (culte, mariage, impôts...). Sur les quelque 6 226 versets que comprend le Coran, à peine plus de cinq cents ont une portée juridique, et quatre-vingts environ comportent des stipulations précises applicables telles quelles. Il était donc impératif de compléter le Coran par des sources traditionnelles plus détaillées.

– Le hadith – texte de base de la *sunna* du Prophète – constitue pour la totalité des courants juridiques de l'islam sunnite cette seconde source de droit. C'est là l'acquis principal du combat des juristes « traditionnistes ». L'importance insigne du hadith découle d'une conviction qui s'est progressivement imposée comme la colonne vertébrale de l'islam sunnite : celle de l'infaillibilité du prophète Muhammad pour toute question touchant à la religion. Cela dit, ces deux premiers critères de droit, même conjugués, ne suffisaient pas pour construire un édifice juridique répondant aux exigences de la société. D'abord, les hadiths de portée juridique sont en nombre limités, quatre mille peut-être. Ensuite, il fallait les interpréter à leur tour, les adapter aux nouvelles circonstances. Mais nombre de juristes hésitaient ici à recourir à l'opinion personnelle, désormais tenue à l'écart. Ils lui préférèrent un type de raisonnement plus cadré, mieux subordonné aux deux sources scripturaires.

– Ils ont à cette fin fait usage du « raisonnement par analogie ». En l'absence de directives explicites dans le Coran ou la Sunna, le juge cherchera dans ces deux sources un cas présentant une analogie avec la question pré-

cise se posant à lui. Pour prendre un exemple très simple :
invité à décider si la consommation de plantes hallucino-
gènes, comme le *banj* (jusquiame) ou l'opium est licite ou
non, il se référera par analogie aux jugements coranique
et prophétique condamnant les boissons alcoolisées, pour
statuer que ces drogues doivent être également interdites
dans le droit musulman.

– Enfin, le consensus de la communauté (*ijmâ'*) vient
parachever la démarche théorique du droit musulman. Il
signifie que lorsque l'ensemble de la communauté accepte
une interprétation des textes ou un rite, ceux-ci sont jugés
conformes à la volonté divine. Ainsi, les premières générations de musulmans ne fêtaient jamais l'anniversaire du
Prophète. Ce n'est que progressivement, sans doute par
référence aux coutumes chiites, que cette fête du *mawlid*
se répandit ; mais ce n'est qu'à partir du XIIIe siècle qu'elle
commença à se généraliser, devenant une célébration
consensuelle, par *ijmâ'*. « Ma communauté ne tombera
jamais d'accord sur une erreur », dit un hadith. Cette
infaillibilité accordée collectivement à la communauté
(sunnite) est en définitive la clé de voûte de l'édifice des
fondements du droit. Sans elle, rien de ce qui précède ne
pourrait fonctionner. C'est par consensus que le hadith
s'est vu conférer la place de deuxième fondement après
le Coran, c'est lui qui avalise en dernière instance toutes
les évolutions qu'a connues l'islam historique. Il n'existe
pas en islam d'instance religieuse prenant sur elle de décider des points de droit ou de dogme : rien qui soit com-
parable à un collège épiscopal avec ses synodes et ses
conciles, ni même avec les assemblées des différentes
Églises protestantes. D'où d'ailleurs le fonctionnement
délicat et problématique de ce consensus, qui ne peut
résulter que d'un débat long et diffus, s'étalant sur des
siècles.

3) Les écoles juridiques

Cette difficulté à aboutir à des normes juridiques
acceptées par l'ensemble des musulmans sunnites est

d'ailleurs illustrée par l'existence de plusieurs écoles juridiques au sein de cette communauté. Ces écoles ou
« rites » se distinguent par une évaluation différente des
sources du droit, et également et surtout par des divergences multiples dans les applications concrètes. Ces écoles se sont constituées aux VIIIᵉ et IXᵉ siècles en systèmes
complets et autonomes. Il existe actuellement quatre
« écoles » également reconnues et admises an sein de l'islam sunnite :

– *L'école chaféite* est issue de l'enseignement du grand
juriste Shâfi'î (ou Chaféi, † 820 au Caire), à qui l'on doit
la synthèse la plus claire, la plus achevée et la plus argumentée du droit sunnite. C'est Shâfi'î qui fit triompher
définitivement l'idée de la préséance du hadith sur les
diverses formes de raisonnement juridique. Il institua des
règles claires à l'emploi du raisonnement par analogie.
C'est lui également qui définit la portée du consensus
comme celui de toute la communauté. Le chaféisme est
actuellement pratiqué en Égypte, sur les rives de l'océan
Indien et surtout dans l'Insulinde.

– *L'école hanéfite* se rattache à la figure de Abû Hanîfa,
grand juriste – mais non point juge – d'origine iranienne
qui vécut à Bagdad et mourut en 767. Si les hanéfites
acceptent le hadith comme seconde source du droit après
le Coran, ils ont néanmoins continué à accorder une
grande importance au raisonnement proprement juridique. Ils ont approfondi le raisonnement par analogie bien
sûr. Répandu surtout dans l'est de l'empire, le hanéfisme
fut adopté par les Turcs ; l'expansion militaire de ces derniers valut à cette école de prédominer dans une zone
allant de l'Anatolie au Turkestan chinois en passant par
le sous-continent indien. À l'heure actuelle, environ 50 %
des musulmans sunnites suivent le rite hanéfite.

– *Le malékisme*, inspiré par l'enseignement du savant
médinois Mâlik ibn Anas († 795), a incorporé à son enseignement juridique un bon nombre d'éléments de la coutume locale de Médine. Il s'est montré à la fois très lié à
la lettre des hadiths et ouvert à l'adoption de normes locales. Historiquement, cette école fut adoptée surtout dans
l'Occident musulman : au Maghreb et en Andalousie, en

Afrique soudanaise, où elle reste de nos jours nettement dominante. Par voie de conséquence, la majeure partie de la population musulmane résidant en France relève du droit malékite.

– Enfin *le hanbalisme*, qui se réfère à la figure du juriste Ibn Hanbal n'est plus guère appliqué actuellement que dans certaines régions de l'Arabie saoudite. Cette école « fondamentaliste » cherche à éviter au maximum toute intervention du raisonnement humain dans l'élaboration du droit, en sorte que celui-ci serre au plus près la stricte volonté divine exprimée dans le Coran. Les hanbalites récusent le raisonnement par analogie. Ils ne considèrent comme consensus liant le croyant que le consensus des premiers Compagnons du Prophète. Il en résulte un système rigoriste difficilement applicable dans les faits, hostile à toute innovation venant altérer ce qu'il considère comme l'islam originel.

4) Les applications plus concrètes du droit

Les contenus de la Loi religieuse musulmane se présentent d'une façon un peu déroutante pour un lecteur occidental. Ils ne sont pas ordonnés en un système organique de règles dérivant les unes des autres, comme on aurait pu s'y attendre. On y trouve plutôt un vaste ensemble de dispositions particulières issues des textes sacrés. Cela ne signifie pas que le droit musulman soit une pure élaboration livresque, construite sans tenir compte de la réalité sociale concrète des musulmans. Bien au contraire, il manifeste un esprit d'adaptation très étonnant. Les synthèses juridiques finales des IXe et Xe siècles semblent en effet avoir entériné la jurisprudence très pragmatique établie à l'époque omeyyade. Au total, et malgré un certain nombre de divergences entre les écoles juridiques, le droit musulman a su préserver une homogénéité tout à fait remarquable, vu les conditions historiques de son exercice, l'étendue de l'empire et la diversité des sociétés et des cultures concernées.

Traditionnellement, le droit musulman est constitué par trois grands domaines d'application :

a) Le culte, qui comprend le relevé extrêmement détaillé, minutieux, des modalités et conditions d'exécution des principaux actes de piété constitués pour l'essentiel par :

– la prière obligatoire, cinq fois par jour. Il s'agit d'une prière individuelle mais rituelle, c'est-à-dire composée d'une gestuelle précise et de formules prescrites, ayant lieu dans des conditions de validité spécifiées par les hadiths : pureté rituelle, moment précis de la journée, orientation juste vers La Mecque ;

– le jeûne du mois lunaire de ramadan, au cours duquel les fidèles s'abstiennent de nourriture, de boisson et de relations sexuelles durant toute la journée ;

– le pèlerinage à La Mecque, pour ceux dont les moyens financiers et la santé le leur permettent. Il s'agit d'un ensemble de rites particuliers à accomplir dans des lieux aux alentours de la ville sainte à un moment très précis de l'année liturgique (lunaire).

b) Le droit pénal, axé autour de la définition et de l'évaluation des sanctions prévues explicitement par le Coran pour certains délits : meurtre ou blessure, vol, relations sexuelles illicites, diffamation... Il comprend des dispositions à prendre à l'encontre des autres délits, non prévus par les textes sacrés et dont la portée est du coup aussi moins grave.

c) Les « relations sociales », dont l'élément principal est constitué par le droit de la famille : mariages et divorces, héritages, statut des orphelins. Mais ce domaine comprend aussi les dispositions concernant la propriété, la fiscalité, le commerce et les métiers, le droit de la guerre, l'exercice du pouvoir politique, etc. C'est ici qu'il apparaît combien le droit musulman traditionnel pouvait imprégner la vie sociale. En fait, son influence réelle varia beaucoup d'un domaine à l'autre. S'il fut effectivement appliqué pour les questions de droit de la famille – et ce jusqu'à nos jours –, sa mise en œuvre fut beaucoup moins rigoureuse dans les pratiques commerciales et financières. En matière politique et administrative, la pratique laissa se développer tout un domaine de réglementation (*qânûn*) émanant des pouvoirs publics et non des tribunaux religieux. La description précise de toutes ces données a été mise par écrit par les grands juristes de chaque école aux IXᵉ et Xᵉ siècles. Ensuite, des cas nouveaux continuaient à se présenter aux tribunaux. Souvent, on exprimait ces questions nouvelles sous forme de questions posées à des juristes spécialistes appelés muftis. Ceux-ci proposaient alors une solution précise et argumentée selon la tradition de l'école juridique concernée appelée *fatwâ*.

L'acquisition du savoir était un acte pieux, non une profession ordinaire ou un engagement de type sacerdotal. Les savants représentaient un groupe social respecté, se définissant par son savoir. Mais comme tout un chacun pouvait se mettre à la recherche de la science, il ne s'agissait nullement d'une caste fermée. L'enseignement était sanctionné par chaque maître dans sa propre discipline, qui délivrait à l'étudiant accompli une autorisation (licence) de transmettre à son tour son savoir. Les lieux de cet enseignement n'étaient pas très définis. Souvent, les cours se déroulaient dans l'enceinte des grandes mosquées. Mais ils pouvaient aussi se tenir au domicile du maître. Les autorités sunnites commencèrent à fonder des collèges universitaires à partir du XIᵉ siècle (1065, fondation de la « Nizâmiyya » à Bagdad). Il s'agissait d'institutions uniquement dévolues à l'enseignement, proposant un programme complet en sciences religieuses. Ces madrasa étaient des institutions intermédiaires entre le collège et l'université. On y enseignait bien sûr les sciences du Coran et du hadith ainsi que la grammaire arabe ; l'essentiel du programme était toutefois constitué par les matières juridiques. Il s'agissait en effet de donner à de futurs juges ou cadres administratifs des connaissances solides dans ce domaine crucial. L'enseignement était souvent subventionné par des fondations pieuses. Ces biens de main-morte (*waqf*) étaient des patrimoines immobiliers ou fonciers dont un légataire confiait par testament les bénéfices à l'entretien de l'école. C'est ce mode de financement qui prévalut pour les madrasa en

particulier. Toute personne ayant fréquenté cet enseignement essentiellement juridique appartenait dès lors au
corps des oulémas (ar. *'ulamâ'*), à savoir les « savants »,
ceux qui ont acquis la science par excellence, la seule
vraiment utile pour la vie future du croyant : le droit. Le
rôle social des oulémas dans l'islam médiéval est absolument essentiel. Il n'existe pas en islam de clergé, en ce
sens qu'aucun sacerdoce n'y a été institué – chaque
croyant y accomplit sa propre liturgie. Par ailleurs, aucun
magistère religieux n'exerce d'autorité dogmatique ou
juridique. Le corps des oulémas a cependant joué tout au
long des siècles le rôle de garant du dépôt de la foi, de
porte-parole de la volonté divine pour chaque moment
précis de l'histoire de la communauté sunnite. Il constitua
la colonne vertébrale de la résistance culturelle – voire
politique – face aux différentes épreuves que les sociétés
sunnites eurent à affronter : face à l'influence du chiisme
duodécimain, à la menace très réelle de l'ismaélisme (cf.
infra, p. 61), à la diffusion de l'indifférence religieuse, aux
invasions étrangères (croisades, invasions mongoles).
Son influence commença à décroître avec la modernisa-
tion du cadre juridique et l'introduction d'un enseignement de type occidental dans la plupart des pays
musulmans, au XIXᵉ siècle et surtout au XXᵉ siècle. À
l'heure actuelle, le droit musulman est appliqué ou adapté
de façons très diverses dans chaque pays. Si le droit de la
famille est généralement resté fondé sur les données du
Coran et du hadith, le droit pénal et les autres « relations
sociales » ont été modernisés. Cela ne signifie pas pour
autant que les oulémas aient perdu toute influence. Ils
restent comme une conscience vivante de leur communauté, une référence morale. Certains oulémas, à partir
de tribunes officielles et universitaires ou sur internet –
comme le très médiatique Yûsuf Qaradhâwî – continuent
de jouir d'une notoriété importante, y compris auprès de
la jeunesse sunnite.

Nous avons parcouru les savoirs qui constituent la
colonne vertébrale de la pensée sunnite. Ce sont ceux qui
sont fondés sur un savoir de tradition, c'est-à-dire sur la
transmission de données faisant autorité. Il existe cepen-

dant d'autres disciplines religieuses, fondées non pas sur la tradition, mais sur le raisonnement spéculatif. La première est la théologie.

D. LA THÉOLOGIE

Le choix historique de la communauté sunnite en faveur du recours à la tradition muhammadienne, au hadith, a été clair et décisif. L'islam est devenu avant tout une obéissance à une loi concrète – prières, prescriptions alimentaires, etc. Les débats théologiques qui ont tant agité le christianisme occupent une place moindre dans le cadre culturel musulman. Mais elles existent bel et bien et furent à l'honneur auprès des lettrés ; et il serait impensable de retracer l'histoire de la pensée sunnite sans les évoquer. L'impact de cette théologie ne s'est d'ailleurs pas limité au monde sunnite, il a débordé sur la pensée chiite (cf. *infra*, p. 56.) voire juive médiévale.

La principale école qui se diffusa aux VIIIe et IXe siècles fut l'orientation rationaliste du mu'tazilisme. Le mu'tazilisme apparaît sous sa forme achevée au début du IXe siècle. Il n'a pas été un mouvement politiquement homogène et doctrinalement unifié, mais fut constitué par un certain nombre de sous-écoles qui ont fleuri à Bassora et Bagdad notamment. Mais quoi qu'il en soit, l'ensemble des théologiens mu'tazilites professaient la même attitude de base, à savoir la confiance dans la raison humaine pour résoudre les questions religieuses et notamment exégétiques. Cela ne signifie pas que les mu'tazilites aient été des rationalistes au sens actuel du terme. Ils adhéraient tous, au départ, à la révélation du Coran et à la foi musulmane courante. Mais ils étaient persuadés que le raisonnement discursif est un instrument indispensable à l'intelligence du dogme. Pour eux, Dieu est juste ; il a donné aux hommes une révélation claire (le Coran), accessible à l'entendement de tous ceux qui en prennent connaissance. Il a également pourvu les hommes d'un outil adéquat pour comprendre en profondeur ce message : la raison. Pour les mu'tazilites, la bonne intelligence du Coran requiert bien sûr la connaissance de la langue arabe, mais aussi une saine appréciation du lecteur. Le hadith prophétique n'a pas pour eux un grand poids dans la compréhension du Coran, car le hadith demande à son tour une exégèse ; en dernier ressort, c'est toujours la raison qui tranche. Cette foi dans le raisonnement humain les a amenés à défendre plusieurs positions qui les ont séparés des sunnites :

1) La nature du Coran

La piété populaire tendait à considérer le Coran comme la parole éternelle de Dieu, inscrite sur la mystérieuse « Tablette préservée » (Coran 85, v. 21-22), puis révélée par Muhammad aux hommes. Les mu'tazilites refusaient l'idée d'une Parole divine éternelle auprès de Dieu Lui-même. Cela supposerait que Dieu ne soit pas vraiment Un, puisqu'Il existerait avec sa Parole de toute éternité ; cela reviendrait à rejoindre la position chrétienne du Verbe éternel en Dieu. Ils professaient que le Coran avait été créé au fur et à mesure qu'il était révélé à Muhammad, en fonction des circonstances historiques précises. Ce débat sur la création ou l'éternité du Coran fut particulièrement vif et acharné, car il concernait la racine la plus concrète de la foi vécue par les musulmans, leur Écriture. À l'époque moderne, une attitude néo-mu'tazilite s'est manifestée : considérant que le Coran doit être compris à la lumière des événements historiques de son apparition, plusieurs intellectuels musulmans insèrent leurs travaux dans le domaine des études historico-critiques modernes. Notons cependant qu'ils sont minoritaires. La plupart des croyants, dans le sunnisme, considèrent le Coran comme un texte éternel, dont les prescriptions sont valables en tout temps et en tout lieu.

2) La justice divine

Un autre point fut l'objet de vifs débats : celui concernant la « justice divine ». Il trouvait lui aussi son origine dans les exigences de l'exégèse coranique. Le Coran affirme dans de très nombreux passages que les mécréants et les pécheurs – les deux étant en fait confondus – connaîtront les supplices éternels de l'Enfer, alors que les croyants connaîtront dans l'au-delà les délices du Paradis. Une telle affirmation suppose que chaque homme est responsable de ses actes, et cette responsabilité est explicitement évoquée dans plusieurs versets coraniques. Simultanément, il existe une autre série de versets affirmant que si les mécréants persistent dans l'incroyance, c'est que Dieu l'a voulu ainsi, car « [Il] guide qui Il veut et Il égare qui Il veut » (Coran 16, v. 93). Les mu'tazilites firent intervenir ici aussi un principe de rationalité. Ils trouvaient inconcevable que Dieu puisse ne pas récompenser la foi et la vertu ou ne pas punir le péché, c'est-à-dire qu'Il puisse agir selon une règle contraire à la Loi qu'Il ordonne aux hommes d'appliquer. Pour eux, Dieu est juste, Il agit sans aucun arbitraire ni changement de volonté. De ce fait, les mu'tazilites professaient deux thèses sur lesquelles ils s'opposèrent aux musulmans traditionalistes.

a) Chaque homme possède un pouvoir propre de décision, un libre arbitre qui lui permet d'établir un choix responsable. Le bonheur paradisiaque, les souffrances infernales sont donc une rétribution juste et précise des actes posés durant la vie ici-bas.

b) Le musulman coupable d'un péché grave et non repenti connaîtra l'Enfer éternel. Son statut ici-bas est intermédiaire : il doit être combattu et châtié selon la Loi. Mais il ne perd toutefois pas sa qualité de musulman ici-bas, il reste juridiquement membre de la communauté des croyants – position bien différente donc de celle des kharédjites, selon lesquels ce pécheur est à exclure de la communauté. Les enjeux politiques du mu'tazilisme étaient considérables, on le voit.

3) La place accordée à la raison

Le débat opposant le mu'tazilisme au sunnisme doit être bien saisi, car il introduit aux choix essentiels de la pensée musulmane. Plus précisément, il s'agit de la place à accorder à la raison. Pour les sunnites, à la différence des mu'tazilites, la raison n'est pas un fondement reconnu dans la recherche de la vérité religieuse. Pour eux, la raison humaine laissée à ses propres forces ne peut atteindre aucune certitude, elle est incapable de saisir le mystère de l'origine humaine et encore moins de sa finalité ; l'homme qui se confie à son seul raisonnement ne peut qu'errer et pécher. Le fondement de la vérité réside d'abord et avant tout dans le Coran complété par la tradition prophétique. L'intelligence humaine doit s'exercer à comprendre la Révélation, non la précéder ou la corriger. C'est la révélation coranique qui vient éclairer la raison, non l'inverse. Si le lecteur du Coran ne comprend pas certaines affirmations (par exemple, comment concilier prédestination divine et libre arbitre), cela ne vient pas de l'incohérence du texte révélé, mais bien de l'incapacité de la raison humaine à embrasser le mystère de sa propre condition. S'il est croyant, il doit se soumettre avec humilité à l'affirmation du message divin. Il ne doit pas essayer de réduire le message divin à la mesure de ses propres capacités, en y discernant des métaphores ou des procédures stylistiques. Ce sont pour des raisons scripturaires que les sunnites croient que le Coran est éternel ; quant à savoir si l'unité de Dieu est ainsi mise en question, cela sort du domaine de la spéculation humaine. Dieu accomplit absolument ce qu'Il veut, Il pourrait par exemple damner une personne vertueuse ou récompenser un mécréant : « Si Dieu voulait punir des anges (en Enfer), Il serait en droit de le faire », déclare un hadith. Cela ne signifie pas que son comportement soit injuste, mais plutôt que sa sagesse dépasse tout ce que les hommes peuvent concevoir. Le croyant sunnite accepte avec confiance les prescriptions du texte sacré en matière de morale, ainsi que le destin concret qui lui est personnellement assigné. Concrètement, est « bien » ce que Dieu ordonne, est « mal » ce qu'Il défend.

L'apparence assez abstraite des discussions évoquées ici ne doit pas cacher leurs enjeux réels : c'étaient deux visions de la personne humaine et de la morale qui s'affrontaient.

Le mu'tazilisme

Le mu'tazilisme s'est développé surtout à la fin du VIIIe siècle et au début du IXe siècle. Il connut la faveur des milieux intellectuels urbains, notamment à la cour des califes. Il connut son apogée à la cour du calife Ma'mûn (qui régna de 813 à 833). Ce souverain éclairé et cultivé favorisait l'ouverture intellectuelle et fut le promoteur de la traduction en arabe de textes philosophiques et scientifiques grecs. Il était en outre préoccupé de désamorcer la crise politico-religieuse opposant les chiites modérés aux sunnites, et voyait dans l'islam rationalisant des mu'tazilites une « troisième voie » susceptible d'apaiser à longue échéance les conflits idéologiques. Il s'entoura de conseillers mu'tazilites, dont le grand cadi Ibn Abî Du'âd. Le mu'tazilisme devint la doctrine dominante, en quelque sorte officielle de l'empire en 827. En 833, il fut demandé aux hauts fonctionnaires de l'empire de confesser la doctrine mu'tazilite de la création du Coran ; les récalcitrants étaient destitués et châtiés. Toutefois, cette tentative se solda par un échec. Le mu'tazilisme n'avait touché en fait qu'une classe restreinte d'intellectuels et de politiques ; le petit peuple musulman et une bonne partie des juristes, des oulémas, restèrent fidèles à l'interprétation littérale du Coran, au hadith, au dogme du Coran incréé et éternel. Ce mouvement se désigna lui-même comme « les partisans de la tradition prophétique (*sunna*) et de la communauté », d'où l'appellation de « sunnites » qui leur est restée. L'opposition aux doctrines mu'tazilites fut menée et symbolisée par la personne du savant réputé Ibn Hanbal. Celui-ci refusa catégoriquement de confesser le dogme de la création du Coran, même en 833 lorsque ce refus devint passible de peines légales infligées par une sorte d'inquisition d'État.

Les persécutions dont il fut l'objet ne firent que renforcer son prestige. Les deux califes successeurs de Ma'mûn maintinrent encore la suprématie du mu'tazilisme, mais le calife suivant, Mutawakkil, opéra en 848 une volte-face complète : le sunnisme devint la doctrine officielle de l'empire, Ibn Hanbal fut comblé d'honneurs, et le mu'tazilisme fut pourchassé à son tour. Il ne se relèvera pas de ces persécutions, même si les siècles postérieurs produisirent encore plusieurs grandes figures de théologiens s'en réclamant. D'où une question de politique-fiction : dans l'hypothèse d'une victoire de l'islam éclairé des mu'tazilites, la civilisation musulmane aurait-elle pu susciter une « Renaissance » analogue à celle que connaîtra l'Europe occidentale au XVIe siècle ? On peut en débattre.

L'affaiblissement définitif du mu'tazilisme ne signifia pas pour autant la disparition de toute théologie en terre d'islam. Le littéralisme étroit d'Ibn Hanbal et de ses partisans, refusant toute spéculation s'éloignant de la lettre du texte sacré, ne satisfaisait pas de nombreux intellectuels musulmans, inquiets au demeurant de la progression de diverses formes de libre-pensée et de la pensée strictement philosophique. Le Xe siècle vit l'apparition d'une nouvelle forme de théologie (*kalâm*). Il s'agissait d'un effort spéculatif se déployant dans le cadre précis du sunnisme, cherchant avant tout à le justifier, à en légitimer les options prises sur la base de la foi littéraliste dans le texte du Coran.

L'ach'arisme

Le premier grand représentant de cette théologie sunnite fut Ach'arî (v. 873-v. 935). Au moment de sa formation en théologie, Ach'arî avait adhéré au mu'tazilisme et en avait professé les thèses pendant un certain nombre d'années. C'est à la suite d'une véritable conversion, en 913, qu'il adopta la foi de l'islam sunnite tel que professé par Ibn Hanbal. Il déploya dès lors tous ses efforts à en défendre les dogmes et l'exégèse. Son point de départ s'écarte sensiblement du mu'tazilisme, puisqu'il considère que le vrai croyant doit croire intégralement à tout ce qu'enseignent le Coran et le hadith – le raisonnement n'intervenant pas comme critère d'appréhension de la foi, mais comme outil d'explication des textes sacrés. En d'autres termes, l'œuvre d'Ach'arî vient pour expliquer et justifier *a posteriori* les données de la foi sunnite, à laquelle elle reste entièrement subordonnée. Reprenant pour les corriger les grands thèmes traités par les mu'tazilites, Ach'arî défend notamment l'idée que le Coran est éternel, non créé, mais il distingue le Coran éternel des versets écrits ou articulés dans la langue humaine qu'est l'arabe. Concernant la question de la prédestination et du libre arbitre, il développa l'idée que si les actes humains sont créés par Dieu, ils sont « acquis » par les hommes qui en assument de ce fait la responsabilité. Ce qui revient en définitive à une attitude « prédestinationniste ». L'entreprise d'Ach'arî fut reprise et poursuivie par de nombreux grands penseurs dans l'islam sunnite. Ceux-ci purent développer des idées parfois différentes, ou innover par rapport au Maître. Mais prise dans sa globalité, cette pensée « ach'arite » devint l'école par excellence de l'islam sunnite. L'ach'arisme resta prépondérant au sein de l'islam sunnite jusqu'aux XIXe et XXe siècles.

L'entreprise ghazâlienne

Une place particulière doit être faite au grand penseur que fut Ghazâlî (1058-1111). Son œuvre n'est pas entièrement assimilable à de la théologie au sens du *kalâm*. Bien qu'ayant rédigé d'importants textes d'orientation ach'arite, il a en effet nettement souligné les limites de la théologie dogmatique en général. Il la considérait comme une discipline auxiliaire, de portée « thérapeutique » car destinée aux personnes dont la foi est fragile, malade, et ayant de ce fait besoin de justifications rationnelles. Il voyait aussi son utilité comme outil de défense apologétique contre les détracteurs de l'islam de l'extérieur (les chrétiens, par exemple) comme de l'intérieur (les chiites ismaéliens ; les philosophes hellénisants). La défense véhémente de l'islam sunnite entreprise par Ghazâlî contre les philosophes – Avicenne en particulier – ou contre les ismaéliens rejoint de ce fait souvent les intentions des grands théologiens comme Ach'arî. Pour Ghazâlî cependant, la recherche de la vérité religieuse trouve sa confirmation non dans le raisonnement théologique, mais dans l'adhésion intime du cœur, dans la connaissance intuitive de Dieu, autrement dit dans une expérience de type mystique (cf. *infra*, p. 49). L'ampleur de l'œuvre de Ghazâlî, la richesse de son argumentation, la faveur dont elle bénéficia en haut lieu, sa diffusion enfin à un moment de grande expansion de la mystique (le soufisme) firent d'elle pendant longtemps l'expression la plus populaire de l'orthodoxie sunnite.

Tout cela ne signifie pas que la théologie ach'arite ou l'entreprise ghazâlienne aient fait l'unanimité au sein de la communauté sunnite. Malgré l'hommage ouvertement adressé par Ach'arî à Ibn Hanbal, les courants littéralistes ne cessèrent de s'insurger contre le principe même de la spéculation du *kalâm*. L'entreprise théologique – spéculer sur le Texte révélé – leur paraissait en soi erronée et impie, même si elle visait à conforter le sunnisme. Parmi les penseurs « anti-théologiques » les plus importants, citons l'Andalou Ibn Hazm († 1064 ; cité par Benoît XVI dans son discours de Ratisbonne comme exemple de refus du raisonnement rationnel appliqué à Dieu). Ibn Taymiyya († 1328) est un grand représentant de la pensée néo-hanbalite, et ses idées continuent de circuler de nos jours au sein des courants fondamentalistes. Le néo-hanbalisme tout comme la pensée d'Ibn Hazm se fondent sur l'acceptation littérale des textes du Coran et du hadith. À partir d'une dialectique parfois elle-même très élaborée, comme celle d'Ibn Taymiyya à l'encontre des « logiciens », ils dénient à la spéculation théologique indépendante tout rôle de critère. Il n'est bien sûr pas interdit de réfléchir sur le texte coranique et d'émettre son avis. Mais ces opinions personnelles n'engagent que ceux qui les émettent, elles ne peuvent prétendre à s'ériger en dogme. Ce littéralisme représente une virtualité importante de l'esprit sunnite. Son impact a été considérable durant toute l'époque classique. De nos jours, le wahhabisme reprend à son compte les positions théoriques de ces penseurs pour fonder une idéologie plus nettement axée vers des buts politiques.

E. LA PHILOSOPHIE

La théologie se fonde sur un effort spéculatif à partir du donné révélé, à partir du Coran. Mais il a existé une école de pensée purement philosophique, qui ne se fonde pas sur le texte sacré, mais sur des principes de raisonnement indépendant. L'intelligentsia de l'époque abbasside a en effet manifesté une très grande ouverture d'esprit, et un appétit de savoir tout à fait étonnant. C'est cette soif de savoir qui a motivé l'effort de traduction des pièces maîtresses du savoir antique aux IXe et Xe siècles : patrimoine scientifique et philosophique grec principalement, mais également persan, indien. Ont été traduits, directement du grec ou à partir de traduction syriaques, des traités médicaux, astronomiques, mais aussi philosophiques. Une discipline appelée *falsafa* (arabisation de *philosophia*) se diffusa dans les cercles cultivés du Proche-Orient. La *falsafa* n'est en tant que telle ni sunnite, ni chiite, ni même musulmane. Cette pensée fondée sur un dosage de néoplatonisme et d'aristotélisme fut le bien commun de penseurs qui étaient musulmans à titre individuel, mais également de juifs (Abû al-Barakât Baghdâdî, † 1164) et de chrétiens (Yahyâ ibn 'Adî, † 974). Parmi les grands philosophes d'origine musulmane, il faut citer l'Arabe Kindî († 873), le Turc Fârâbî († 950 ; il fut peut-être chiite), l'Iranien Avicenne (Ibn Sînâ, † 1037). La *falsafa* connut de grands représentants en Espagne, avec notamment Averroès (Ibn Rushd, † 1198) ; elle se perpétua en Iran à partir du XVIe siècle. Ces penseurs ne furent pas seulement des glossateurs des anciens Grecs, ils apportèrent leur marque, leur génie propre à l'effort médiéval de réflexion. Les domaines abordés étaient immenses : d'où vient le monde, comment cette création multiple a-t-elle pu surgir d'une Cause (divine) unique ? Qu'est-ce que l'âme humaine, comment peut-elle connaître, comment peut-elle accéder à une vérité ? Comment peut-on penser sa survie après la mort ? L'importance de l'apport des philosophes fut grande en islam sunnite et plus encore chiite (cf. *infra*, p. 72), en dépit du rejet manifesté à leur encontre par les traditionalistes (Ibn Taymiyya) ou les théologiens (Ghazâlî). L'impact de cette pensée gréco-arabe, sur la pensée théologique du Moyen Âge latin fut également considérable. À partir du XIe siècle en effet, bon nombre d'ouvrages grecs et de la *falsafa* musulmane (Avicenne et Averroès notamment) furent à leur tour traduits en latin et fécondèrent alors la pensée européenne occidentale ; leur diffusion fut l'occasion de profonds débats au sein de la pensée scolastique chrétienne (cf. notamment l'œuvre de Thomas d'Aquin).

La pensée musulmane est pour une part traditionnelle (Coran, hadith, droit), pour une part rationnelle (théologie, philosophie). Mais il est indispensable de mentionner une troisième virtualité, fondée sur l'expérience proprement mystique.

F. La mystique

Avec la mystique, nous quittons le domaine de la spéculation rationnelle pour entrer dans celui de l'expérience du cœur. Le concept de « mystique » possède en terre d'Islam une dimension nettement définie. Le musulman ordinaire pratique le culte, la Loi, la morale afin d'agréer un Dieu tout-puissant et transcendant, en ayant foi qu'il rencontrera Dieu dans l'au-delà, au Paradis. Le musulman mystique adhère au même credo, à la même pratique, mais recherche une expérience vécue du divin dès ici-bas ; son Dieu est une présence aimante, active, se manifestant dans le cœur des humains. Or il ne s'agit pas ici d'un courant marginal. Contrairement à l'image de la mystique en Occident – celle d'un petit nombre de moines contemplatifs, isolés de la vie sociale –, celle-ci concerne en islam un courant profond, puissant, dont se réclament des millions de croyants. L'islam, on s'en souvient, ne connaît aucun monachisme ; la retraite, le célibat sont fortement déconseillés. Le milieu des confréries mystiques (soufies) d'où est issue une bonne partie des figures musulmanes de sainteté, est composé d'hommes mariés et vivant le plus souvent au cœur de la cité. Ici, le personnage central n'est plus le juriste, mais le saint, le *walî*. La

sainteté constitue un phénomène majeur en islam sunnite. Il corrige l'image courante d'une religion musulmane valorisant surtout le respect de la Loi et de la
morale. Les saints sont nombreux en terre d'Islam – chaque village, chaque quartier de ville, chaque corporation
de métier possède un saint protecteur – et cette présence
de la sainteté ruisselle pour ainsi dire dans la vie courante
de nombreux musulmans. En l'absence de toute Église
ou autorité religieuse en islam, nulle instance ne peut
désigner telle ou telle figure comme sainte. C'est toujours
le consensus populaire qui fait surgir la réputation d'un
« Ami de Dieu ». La sainteté en islam est d'abord et avant
tout une affaire de pouvoir charismatique spirituel
reconnu par une communauté. Le saint est une personne
désignée comme tel par ses contemporains parce qu'on
considère qu'elle diffuse une énergie divine bienfaisante
et efficace, la *baraka*. Un homme (ou une femme) pourra
être très pratiquant, très religieux, un ascète fervent : il
ne deviendra pas nécessairement pour autant un saint.
Pour prendre un exemple majeur, Ghazâlî est sans
conteste un des plus grands théologiens de l'islam sunnite, et il lutta efficacement pour la reconnaissance de sa
dimension mystique. Mais jamais il ne reçoit le titre de
saint, *walî*, aucune dévotion particulière ne lui est destinée. Inversement, la *vox populi* désigne parfois comme
walî des personnes fort humbles, imprévues, parfois
incultes, mais dont la personnalité a frappé leurs contemporains, et qui ont accompli des signes divers, notamment
des miracles.

Quelques repères historiques sur l'évolution de la mystique en islam sunnite. Durant les premières générations
de l'islam, à la période des conquêtes puis de l'empire
omeyyade (660-750), on ne peut guère situer précisément
de phénomènes de sainteté mystique. Mais certaines personnalités se démarquent. Hasan Basrî († 728) fut un
important savant, juriste, traditionniste et prédicateur, et
son charisme personnel, son intégrité le firent considérer
comme une autorité spirituelle toute particulière. Lorsqu'une caste d'hommes de religion, juristes et théologiens
professionnels rattachés à l'establishment politique – les

oulémas – se constitua, apparurent en réaction des personnalités s'adonnant avec ferveur à la seule dévotion. D'abord isolées, elles se regroupèrent en cercles restreints. On les crédita de plus en plus de l'accomplissement de miracles. Un courant proprement mystique se constitua vers le IXe siècle, notamment en Irak et en Iran oriental ; il se revendiqua comme étant l'expression des Amis (*awliyâ'*, pl. de *walî*) de Dieu. Le courant mystique prit de l'ampleur aux IXe et Xe siècles, jusqu'à porter ombrage à l'autorité des religieux et au pouvoir politique. Car affirmer, comme le faisaient les mystiques, que Dieu se révèle dans l'intime des cœurs, que la source de toute vérité est directement accessible aux hommes, n'est-ce pas « court-circuiter » le rôle du Coran, du Prophète et de son enseignement, et du coup le rendre superflu ? N'est-ce pas de proche en proche menacer tout l'édifice dogmatique et juridique de l'islam sunnite, fondé sur l'autorité exclusive du Prophète et de ses interprètes officiels, les oulémas ? La crise éclata au début du Xe siècle à l'occasion de la prédication de Hallâj, mystique profond et puissante personnalité qui parcourut le monde islamique central en prêchant l'union à Dieu dans les mosquées, les souks, en s'adressant aux hommes de tous les milieux sociaux et des différentes confessions. Figure charismatique populaire, à qui l'on attribuait des miracles, Hallâj inquiéta les milieux politiques chiites autant que sunnites. Il fut arrêté et, après un débat et un procès qui durèrent huit ans, fut supplicié et mis à mort de façon spectaculaire à Bagdad en 922.

Après cette crise, un modus vivendi s'établit. Les pouvoirs publics tolérèrent les mouvements de mystique et de sainteté populaire, à condition que ceux-ci ne troublent pas l'ordre public, et réservent leurs enseignements et rites à des cercles discrets. Les mystiques soufis se regroupèrent en écoles initiatiques spirituelles. Vers le XIIe siècle, un phénomène majeur vit le jour : la formation de confréries mystiques centrées autour de l'enseignement de grands maîtres, et rassemblant des milliers de fidèles. À partir de cette époque et jusqu'à nos jours, ces confréries représentent le « foyer de sainteté » principal dans le monde musulman. Le disciple recherchant cette sainteté conclut un pacte d'allégeance avec un maître spirituel, qui le conduit sur la voie de l'union à Dieu par l'intermédiaire de rites, de conseils, etc. Tout naturellement, les maîtres de confrérie seront considérés comme les grands saints de leur époque. Les figures des grands mystiques ont été très variées. Certains furent des doctrinaires d'une envergure exceptionnelle, comme l'Andalou Ibn 'Arabî († 1240), dont l'œuvre immense domine toute la pensée mystique sunnite qui suivit. D'autres furent de grands lyriques, comme Roumi († 1273), le célèbre maître de Konya, dont l'œuvre poétique est l'un des principaux joyaux de la poésie de langue persane. En fait, la sainteté en islam est d'une stupéfiante diversité. Certains maîtres de confrérie ont été des proches des princes, ont exercé une influence sociale considérable. D'autres grands saints ont été de pauvres artisans, voire des mendiants ou même des « ravis en Dieu » au comportement erratique.

Les soufis réclament pour eux-mêmes, dans l'ordre spirituel, l'héritage prophétique de Muhammad. En ce sens, ils se trouvent en concurrence avec les juristes et les théologiens. Leur argument est que les savants, les lettrés, prolongent le savoir prophétique en tant qu'il est livresque, intellectuel, transmis depuis des générations à des gens qui sont morts depuis longtemps. Les soufis ne nient pas l'utilité d'une telle science, mais ils donnent la primauté au savoir transmis à eux directement, ici et maintenant, par « le Vivant, l'Immortel ». Les saints actualisent à chaque génération le message du Prophète, en eux-mêmes et pour les autres croyants : non seulement le message doctrinal ou juridique, mais aussi la présence sacrée qui est son origine.

Les rituels principaux des mystiques soufis sont des litanies, des répétitions d'oraisons. La source de toute présence divine en islam, c'est le Livre, c'est le Coran. Le Coran tient en islam la même place que le Christ pour les chrétiens : il est la manifestation sur terre du Verbe divin. La « divinisation » de l'homme, l'acquisition de ce pouvoir du saint, passe par l'assimilation « physique », pour ainsi dire, de la divine parole. Le rituel soufi principal est la récitation, des milliers de fois, de Noms divins, de formules coraniques ou de prières litaniques. C'est ainsi que le soufi devient, selon l'expression de l'Égyptien Dhû al-Nûn (IXᵉ siècle), « un homme dont le Coran a compénétré sa chair et son sang ». Le saint, qui a récité ces paroles divines des années durant, sans s'interrompre, ne peut manquer d'être imprégné par la présence divine. Cette présence l'habite, elle réside en lui sans qu'il en ait même conscience. Et elle produit de nombreux effets de l'ordre du merveilleux, du miraculeux. Cette présence, cette énergie surnaturelle et agissante, s'appelle la *baraka*. Elle se répand sur tous ceux qui fréquentent le saint en l'aimant. C'est ici l'essence du soufisme confrérique populaire, que l'on appelle parfois le maraboutisme. La religiosité populaire est fondée sur un rapport intime avec les grands saints, vivants – ou morts, car leur présence bénéfique se manifeste aussi auprès de leurs tombeaux ; la mort du saint ne signifie en effet nullement une baisse de la dévotion à son égard, c'est bien souvent le contraire qui a lieu. Le culte des saints se déploie souvent à l'occasion des fêtes anniversaires des *walî* : ce sont des phénomènes sociaux qui peuvent prendre localement une importance considérable. Les docteurs de la Loi, les fondamentalistes critiquent beaucoup ces rituels qu'ils considèrent comme païens, étrangers à l'esprit du monothéisme islamique. Dans certains pays, la condamnation est radicale : l'Arabie saoudite, où règne le wahhabisme, a interdit toute activité des confréries mystiques sur son sol. Mais pour les dévots, l'amour des saints est indissociable de l'amour de Dieu et du Prophète. Les saints se manifestent à eux de façon courante, dans les rêves, dans les visions.

Actuellement, au XXIᵉ siècle, quels peuvent encore être le rôle et le poids effectif de la mystique et de la sainteté ? Les mouvements soufis semblent souvent affaiblis. La triple attaque qu'ils ont subie de la part des modernistes laïcs, de la gauche marxiste (cf. l'ex-Union soviétique, l'Albanie) et surtout du fondamentalisme (wahhabite notamment) a fait reculer l'influence des confréries. Mais le soufisme reste néanmoins pratiqué par des millions de croyants. Localement, il peut même représenter une force considérable.

III

LE CHIISME

Le chiisme est sans doute la plus vieille tendance religieuse de l'islam, puisque ce qui peut être considéré comme son noyau primitif remonterait au premier « parti » (*shî'a*) né dans la communauté musulmane et constitué par les « légitimistes » qui revendiquaient en faveur de 'Alî, cousin germain et gendre du Prophète, et de ses descendants le droit exclusif de guider les croyants après la mort de ce dernier survenue en 632. En effet, après la disparition de Muhammad, deux conceptions concernant sa succession seraient entrées en conflit. Une majorité de fidèles de la nouvelle religion d'Arabie déclarait que le Prophète n'avait désigné personne à sa succession de manière explicite. Elle eut ainsi recours à la tradition ancestrale tribale de l'élection d'un chef : un conseil formé de quelques Compagnons de Muhammad et des membres influents des plus puissants clans des tribus mecquoises nomma un sage d'un âge respectable appartenant à la même tribu que le Prophète : Abû Bakr, vieux Compagnon et l'un des beaux-pères de Muhammad, fut choisi, devenant ainsi le premier calife (*khalîfa*, successeur) de la nouvelle communauté. Du groupe de ses partisans dérivera plus tard le courant que l'on appellera le sunnisme.

Face à ces derniers se trouvaient les « Alides », les partisans de 'Alî. Ils prétendaient que Muhammad, son cousin, ami intime et beau-père, l'avait clairement désigné comme son successeur, et ce en de nombreuses occasions et de différentes manières. Selon eux, il ne pouvait en être autrement : comment le Prophète aurait-il pu laisser la question cruciale de sa succession en suspens ? Est-il pensable qu'il ait été indifférent au sort de sa communauté, au point de laisser dans le flou la direction de celle-ci ? Ce serait contraire même à l'esprit du Coran selon lequel les grands prophètes du passé ont toujours leurs successeurs élus parmi les membres les plus proches de leur famille, privilégiés par les liens du sang, initiés aux secrets de leur religion. Par ailleurs les relations de parenté et de compagnonnage privilégiées qui liaient les deux hommes, et le fait que 'Alî était le père de la seule descendance mâle de Muhammad constituaient eux aussi des facteurs de légitimité décisifs aux yeux des Alides. Pour ces derniers, que l'on appellera plus tard les chiites, 'Alî était donc ce légataire élu, désigné explicitement par Muhammad et soutenu par le Coran. 'Alî est ainsi considéré par les chiites comme leur premier *imâm* (guide, commandant, chef). Désignant le véritable dirigeant de la communauté, même s'il ne détient pas le pouvoir effectif, la figure de l'imam, comme nous allons le voir, devient la notion centrale du chiisme, qui n'utilise jamais le terme de « calife » pour nommer son chef.

Le chiisme est donc aussi ancien que le litige sur la succession du Prophète. Pour autant, il ne se réduit pas à cette question politico-religieuse. Cela d'autant plus que très rapidement, probablement après le massacre de l'imam Husayn à Karbalâ (voir, p. 91, le Tableau généalogique des imams et des grandes branches du chiisme), la branche principale du chiisme renoncera à tenter de prendre le pouvoir par les armes. Le légitimisme alide sert seulement comme un point de départ pour de monumentaux développements doctrinaux. La problématique centrale de « l'héritage prophétique », considéré comme le legs sacré de Dieu confié aux hommes, y trouvera des significations complexes, religieuses. Celles-ci jetteront leur lumière propre sur les événements historiques. C'est la raison pour laquelle, bien que cela puisse paraître inhabituel, il nous semble plus pertinent et plus éclairant de présenter les spécificités doctrinales avant l'évolution historique. C'est que dans le chiisme, l'histoire des doctrines va de pair avec l'histoire tout court, si elle ne la détermine pas pour une large part.

A. FONDEMENTS SPIRITUELS

En se fondant sur les textes, et ce dès les sources les plus anciennes qui nous sont parvenues, on peut rapidement se rendre compte que le véritable pivot autour duquel gravite toute la doctrine chiite, c'est la figure de l'imam. Alors que dans le sunnisme, ce terme, désignant un quelconque dirigeant ou savant religieux, ne jouit d'aucune importance particulière, pour les chiites, il s'agit d'un titre véritablement sacré. En résumant à l'extrême, on pourrait même dire que le chiisme est une « imamologie ». En effet, de la théologie à l'éthique, du droit à l'exégèse, de la cosmologie au rituel, de la philosophie à l'eschatologie, tous les aspects doctrinaux, tous les chapitres de la foi sont déterminés en dernier lieu par une conception particulière de cette figure de « Guide » et ne trouvent de sens que par rapport à lui. La religiosité chiite est élaborée autour d'une double vision du monde.

1) Il y a d'abord ce que l'on pourrait appeler la « **vision duelle** » du monde. Selon celle-ci, toute réalité, de la plus sainte à la plus banale, possède au moins deux niveaux : un niveau manifeste, apparent (*zâhir*) et un niveau secret, non manifeste (*bâtin*), caché sous le niveau apparent et pouvant contenir à son tour d'autres niveaux encore plus secrets (*bâtin al-bâtin*). Cette dialectique du manifeste et du caché, de l'exotérique et de l'ésotérique, constitue un credo fondamental, omniprésent chez les penseurs mais imprégnant aussi les croyances de la masse des fidèles. Elle est en œuvre dans différentes disciplines religieuses.

En théologie, par exemple, Dieu lui-même comprend deux niveaux d'être. D'abord, celui de l'Essence, à jamais inconcevable, inimaginable, au-delà de toute intelligence, de toute pensée. Ce niveau caché, l'ésotérique de Dieu, est le niveau de l'Inconnaissable. Mais si les choses en restaient là, aucune communication ne serait possible entre le Créateur et les créatures. Alors Dieu, dans sa bonté, fit créer, en son propre être, un autre niveau : celui de ses Noms et Attributs à travers lesquels Il se révèle et se fait connaître. Ce niveau révélé, l'exotérique de Dieu, n'est plus l'inconnaissable absolu mais l'Inconnu qui aspire à être connu. Or, ces Noms divins agissent dans la création à travers des lieux de manifestation, des véhicules ou des « Organes » divins en quelque sorte. L'Organe divin par excellence, le plus haut lieu de manifestation de ce qui se révèle, est un être métaphysique que la littérature chiite appelle le plus souvent l'Imam (on l'écrira dans ce sens avec un « I » majuscule), Homme cosmique dont la connaissance équivaut à la connaissance de ce qui peut être connu en Dieu, objectif ultime de la création. Ainsi l'Imam cosmique est identique à la Face manifestée de Dieu, au Dieu révélé.

Or, l'Imam cosmique possède lui aussi une face cachée et une face révélée. Son ésotérique, sa dimension secrète, c'est justement son aspect métaphysique, cosmique. Son exotérique, son niveau apparent, son lieu de manifestation, ce sont les imams historiques terrestres (avec un « i » minuscule) des différents cycles de l'Histoire sainte de l'humanité. Nous arrivons déjà à un autre aspect de la doctrine, celle qui concerne les prophètes. Pour les chiites en effet, chaque grand prophète est accompagné dans sa mission d'un ou de plusieurs imams. Ces grands envoyés sont reliés entre eux par une chaîne ininterrompue de prophètes, imams et saints « mineurs » et forment ensemble la grande famille initiatique des « Amis de Dieu », les porteurs et transmetteurs de l'Alliance divine (*walâya*), terme central dans le chiisme, synonyme de l'imamat. Ce sont eux, hommes et femmes de Dieu, les lieux de manifestation de l'Imam cosmique, sa face révélée.

Passons au chapitre de l'interprétation des textes sacrés. Les Amis de Dieu font parvenir aux hommes la Parole de Dieu. Celle-ci est révélée, à des moments particuliers, à travers des Écritures saintes, amenées par des grands prophètes législateurs, fondateurs de nouvelles religions. Or, la Parole divine, offerte grâce à la Révélation sous forme d'un Livre, possède, elle aussi, un aspect apparent, exotérique, et un aspect secret, ésotérique ; une « lettre » sous laquelle est caché un « esprit », pour reprendre l'expression de saint Paul. La mission du prophète consiste à présenter la lettre de la Révélation, son niveau exotérique, « ce qui est descendu » (*tanzîl*), à une majorité de gens, à la masse des fidèles de sa communauté (*'âmma*). Comme on vient de le dire, il est toujours accompagné dans sa mission d'un ou de plusieurs imams. Les listes les plus récurrentes donnent par exemple Abel comme imam d'Adam, Sem comme imam de Noé, Ismaël comme celui d'Abraham, Aaron ou Josué pour Moïse, Simon Pierre ou l'ensemble des Apôtres pour Jésus, enfin, bien entendu 'Alî et ses descendants pour Muhammad. La mission du (ou des) imam(s) consiste à faire connaître l'esprit du Livre, son niveau ésotérique révélant les secrets de son origine (*ta'wîl* ; terme signifiant aussi l'exégèse spirituelle de l'Écriture), non pas à tous, mais à une minorité d'initiés, à l'élite de la communauté (*khâssa*). Cette minorité d'initiés sont les « chiites » de chaque religion, introduits par l'imam de cette religion aux arcanes de l'Écriture fondant celle-ci. Ce caractère minoritaire est donc revendiqué comme un signe d'élection. Dans le chiisme, le Coran est appelé le Livre silencieux ou « le Guide muet », alors que l'imam est dit être « le Coran parlant » ; car sans l'imam, le Coran reste mutilé de son sens le plus profond. Ainsi le prophète est le messager de la religion exotérique que la terminologie chiite appelle *islâm*, littéralement « soumission ». Parallèlement, l'imam est l'initiateur à la religion spirituelle cachée sous la lettre appelée *îmân*, littéralement « foi ». Les gens de la foi, « les croyants fidèles », les *mu'min*, sont donc, selon ce vocabulaire technique, les initiés aux secrets de la religion, les hommes de l'ésotérique, les adeptes des imams, en un mot les chiites. Une distinction supplémentaire, plus subtile, est également établie au sein même du chiisme, entre les chiites superficiels et les vrais chiites (l'élite de l'élite, *khâssa al-khâssa*) ; c'est-à-dire respectivement ceux qui se contentent des aspects exotériques de l'enseignement des imams et ceux qui cherchent à assimiler aussi les dimensions secrètes de celui-ci. Les chiites exotéristes et les chiites ésotéristes en quelque sorte.

2) La seconde vision du monde spécifiquement chiite est « **une vision dualiste** ». Selon celle-ci, l'Histoire de la création, c'est l'histoire d'un combat cosmique entre les forces du Bien et celles du Mal, entre la lumière et l'obscurité. On peut dire qu'ici le Bien c'est la connaissance comme le Mal c'est l'ignorance. Les mythes chiites de la création rapportent que ce qui marque l'univers dès son origine, c'est un combat entre « les armées de l'Intelligence » et « les armées de l'Ignorance », respectivement symboles et archétypes de l'Imam et ses adeptes d'une part, l'Ennemi de l'Imam et ses partisans d'autre part. Cette guerre primordiale se répercute d'âge en âge à tous les cycles de l'Histoire. Et il en sera ainsi jusqu'à la « Fin du Temps » et l'avènement du Mahdî, le sauveur eschatologique qui vaincra définitivement les puissances du Mal. C'est qu'à l'avènement de chaque religion, à cause de l'usurpation du pouvoir par les Guides de l'injustice, il se forme au sein de la communauté une majorité qui, tout en étant soumise à la lettre de cette religion, refuse de croire en l'existence d'un esprit caché sous la lettre. Cette majorité, dirigée par ces Guides de l'ignorance, ampute ainsi sa religion de ce qu'elle a de plus profond, se condamnant à la décadence et à la violence. Ce sont ceux que les chiites appellent les Gens de l'exotérique, des apparences, de la superficie (*ahl al-zâhir*), les soumis à la seule religion littérale ou encore les « musulmans égarés » (*muslim dâll*). Ainsi, sur le plan purement doctrinal, un chiite initié se sentira plus proche d'un « chiite » juif ou chrétien (c'est-à-dire un initié à l'ésotérisme du judaïsme et du christianisme) que d'un musulman sunnite exotériste, considéré comme un adversaire.

L'histoire du chiisme est marquée de fréquentes persécutions, d'intimidations et de massacres de masse perpétrés par différents pouvoirs sunnites, par les Omeyyades et les Abbassides en particulier. Dans un tel contexte historique, la vision dualiste s'explique, et fonde deux facteurs importants de la vie religieuse chiite. D'abord la discrétion. En effet, pour protéger sa propre sécurité, celle de son Guide et de ses compagnons ainsi que l'intégrité de ses croyances, la discipline de l'arcane (*taqiya* ou *kitmân*) est une obligation canonique pour le chiite. Sous le « gouvernement de Satan », le dévoilement des enseignements secrets ne suscite pas seulement incrédulité ou raillerie, mais anathème, persécution et violence. Ensuite, quelque chose relevant de l'ordre du sentiment : le fidèle chiite est constamment appelé à un amour sans faille, à une fidélité à toute épreuve et à une soumission consentie envers son imam, autant de vertus requises d'un disciple à l'égard de son maître. En même temps, le fidèle est instamment invité à se dissocier des adversaires de son bien-aimé maître. C'est que dans un univers régi par la guerre et ses contraintes entre les forces de la connaissance et celles de la contre-initiation, l'alliance sacrée (*walâya*) avec le Guide ne peut être complète que si elle est accompagnée de la dissociation sacrée (*barâ'a*) envers ceux qui ne cherchent qu'à anéantir la véritable connaissance et ses détenteurs. Nous allons revenir à l'analyse de la notion de *walâya*.

B. PRINCIPALES BRANCHES

La dévotion chiite est entièrement concentrée sur un ensemble de personnages ainsi constitué : le prophète Muhammad, sa fille Fâtima, son gendre 'Alî et les autres imams descendant de ces deux derniers par leurs deux fils Hasan et Husayn. La lignée et le nombre des imams ont été sujets de divergence et déterminèrent la division du chiisme en d'innombrables tendances et courants. Parmi ceux-ci seules trois grandes branches survécurent, constituant jusqu'aujourd'hui les principales familles spirituelles du chiisme (voir aussi, p. 91, le Tableau généalogique des imams et des grandes branches du chiisme).

1) Les zaydites tirent leur nom de Zayd, fils de 'Alî Zayn al-'Âbidîn (petit-fils de 'Alî), appelés aussi par commodité « les chiites à cinq imams ». La répression abbasside poussa ces chiites à trouver refuge et à créer des gouvernements dans des endroits éloignés des capitales de l'empire musulman. La dynastie zaydite du Yémen, fondée au IXe siècle, ayant connu de nombreuses divisions et subdivisions, ne fut renversée qu'en 1962 par une révolution militaire pronassérienne. Héritiers d'une riche tradition intellectuelle datant de toute la période médiévale, les zaydites sont aujourd'hui près de cinq millions, soit la moitié de la population yéménite.

2) **Les ismaéliens** sont les fidèles d'Ismâ'îl, fils aîné de l'imam Ja'far al-Sâdiq, appelés pour cette raison des chiites septimains (voir, p. 91, le Tableau généalogique des imams et des grandes branches du chiisme) ou encore, de manière inadéquate, « les chiites à sept imams ». Cette appellation commode est inexacte. L'imamologie ismaélienne, fondée sur une théorie cyclique et divisée en périodes de « voilement » et de « dévoilement », est en fait beaucoup plus complexe ; pour la grande majorité des ismaéliens, l'imamat est ininterrompu jusqu'à nos jours. L'ismaélisme a su garder, dans ses nombreuses subdivisions et branches, une dimension ésotérique teintée de philosophie, fondée à la fois sur les enseignements des imams et sur des traditions d'origines diverses (iranienne, néoplatonicienne, néopythagoricienne, gnostique, etc.) magistralement intégrées à la doctrine. Les différentes formes d'ismaélisme se firent également remarquer, pendant le Moyen Âge, par leur importance sur le plan historique et politique. Le mouvement Carmate (IXe-Xe siècles), incluant dans son programme un système égalitaire et la lutte armée contre le pouvoir sunnite des Abbassides, connut une propagation fulgurante dans la région du golfe Persique. Le califat parallèle des Fatimides, les bâtisseurs du Caire et d'al-Azhar, la plus vieille université du monde, régna plus de deux siècles (X[e]-XIIe siècles) sur l'Égypte, une grande partie de l'Afrique du Nord et quelques régions de la Syrie. À la mort du sixième imam-calife fatimide al-Hâkim en 1021, certains fidèles le considérèrent comme vivant mais occulté et comme le Sauveur attendu. Ils seront connus sous l'appellation Druzes. Actuellement plusieurs centaines de milliers dans le sud

de la Syrie, au Liban et en Israël, ils considèrent depuis quelques siècles leur système de croyance comme une religion à part entière, indépendante de l'islam. Mais le schisme le plus important survint à la mort de l'imam calife fatimide al-Mustansir en 1094, lorsque les fidèles se scindèrent en deux factions bientôt rivales des musta'lites et des nizarites, qui, à leur tour, connurent de nombreuses subdivisions. Les quelques millions de fidèles musta'lites se trouvent aujourd'hui principalement au Yémen et en Inde où ils sont connus sous le nom de Bohra. Les nizarites, quant à eux, eurent une active et fructueuse propagande en Orient et surtout en Iran et plus tard en Syrie. Appelés « Assassins » par les chroniqueurs médiévaux des croisades, leur château fort d'Alamut en Iran septentrional devint un lieu de « légende noire », laquelle occulte complètement l'extrême richesse intellectuelle et spirituelle d'un mouvement qui compta de nombreux penseurs, philosophes et mystiques. Après l'invasion mongole et la chute d'Alamut au XIIIᵉ siècle, les imams nizarites entrèrent dans la clandestinité et les fidèles, cachant leur identité doctrinale, rejoignirent les confréries mystiques sunnites. La grande majorité des ismaéliens actuels sont issus d'une branche nizarite. Ils seraient entre quinze et vingt millions, étant donné l'absence de statistiques fiables dans beaucoup de pays. La plupart d'entre eux vivent également en Inde, mais des communautés dispersées se trouvent aussi en Asie centrale, en Afrique orientale, en Europe et en Amérique du Nord. Depuis leur sortie de clandestinité aux confins des XVIIIᵉ et XIXᵉ siècles, les imams reconnus par la majorité appartiennent à la célèbre famille d'origine iranienne des Aga Khan.

3) Enfin, **le chiisme duodécimain** (à douze imams) ou imamisme constitue la branche de loin majoritaire du chiisme. Il comprend actuellement entre cent cinquante millions et cent quatre-vingts millions de fidèles répartis surtout dans les pays du Proche et du Moyen-Orient. Ils sont majoritaires en Iran (où l'imamisme est religion d'État depuis le XVIᵉ siècle), en Irak, en Azerbaïdjan, à

Bahreïn. De très grandes communautés duodécimaines vivent en Inde et au Pakistan, dans toute l'Asie centrale et le Caucase. Pour les imamites, la lignée des imams de Muhammad comprend 'Alî, les deux fils que ce dernier a eus avec son épouse Fâtima à savoir Hasan et Husayn et neuf des descendants de Husayn. Parmi ceux-ci Muhammad al-Bâqir, Ja'far al-Sâdiq, Mûsâ al-Kâzim et 'Alî al-Ridâ, soit respectivement du cinquième au huitième imam, sont particulièrement importants à cause surtout de la place qui leur est attribuée dans la genèse et la transmission des traditions spirituelles. Le douzième et dernier de la lignée, Muhammad fils de Hasan 'Askarî, est considéré comme le Mahdî, le Sauveur de la Fin des Temps, occulté une première fois en 874 et puis définitivement en 940 et de ce fait appelé « l'imam caché ». La présence invisible du douzième imam cristallise autour d'elle toute l'attente eschatologique, avec son lot de justice et de bonheur à venir, de la communauté imamite.

Ajoutons à ces chiffres quelques dizaines d'autres millions de chiites qui ne disent pas toujours leur nom : Nusayris-Alaouites de Syrie, Bektashis et Alévis de Turquie, Ahl-i Haqq kurdes. Ainsi, les chiites, minoritaires il est vrai au sein de l'islam, représentent tout de même entre 15 et 20 % des musulmans, soit plus de deux cents millions de personnes.

C. Les sources scripturaires

Tout comme le sunnisme, le chiisme (rappelons que, dorénavant, par chiisme nous entendons chiisme duodécimain ou imamite) reconnaît deux sources scripturaires qu'il considère constituer les fondements de l'islam en général et de ses propres doctrines en particulier : le Hadith et le Coran. Cependant, pendant les tout premiers siècles de l'hégire, la majorité des chiites n'avait pas la même perception et la même définition du corpus coranique. En outre, le corpus des hadiths chiites est totalement différent de son équivalent sunnite.

1) Le Hadith

Il s'agit du corpus des traditions remontant au Prophète, à sa fille Fâtima et aux douze imams, c'est-à-dire à l'ensemble des personnages saints appelé les Quatorze Impeccables. Dans ce corpus immense, qui compte plusieurs milliers de pages, la part dévolue aux imams est de loin supérieure à celles de Fâtima et de Muhammad. Par rapport au Hadith sunnite donc, le Prophète occupe une place assez discrète dans les traditions chiites. Cette position est récusée avec force par le sunnisme. Les chiites, de leur côté, dénient toute authenticité au hadith sunnite, sauf un certain nombre de traditions communes aux deux familles doctrinales, plus particulièrement dans le domaine juridique. La raison principale de cette dénégation, c'est que les plus importants chaînons de transmission des traditions sunnites, à savoir les Compagnons de Muhammad, sont considérés comme les pires traîtres à la mission de ce dernier et ne jouissent d'aucune crédibilité. Une tradition prophétique n'est même considérée comme authentique que lorsqu'elle est transmise par un imam.

Pendant les premiers temps de l'islam, la transmission semble avoir été effectuée principalement de manière orale. La mise par écrit aurait surtout débuté dans la première moitié du VIIIe siècle. En vertu de cette chronologie, la question délicate de l'authenticité des traditions rapportées par ces compilations se pose de manière moins aiguë pour les chiites puisque la personne de l'imam vivant, censé contrôler personnellement le contenu des compilations, est à leurs yeux une garantie nécessaire et suffisante de véracité de ce contenu. C'est sans doute pour cette raison que ce qu'on appelle « la science du Hadith » ne trouva sa forme définitive que beaucoup plus tard dans le chiisme, soit vers les XIIe et XIIIe siècles, après de nombreuses et très longues controverses.

Tout comme dans le sunnisme, le corpus du Hadith a eu un rôle capital dans l'élaboration, la consolidation et la perpétuation des doctrines. Auteurs et compilateurs de ce corpus sont considérés comme des héros de la foi. Ce fut en effet grâce à leurs infatigables efforts de recherche, de recueil et de rédaction des traditions que le chiisme, affaibli après une période de crise à l'époque des derniers imams, put progressivement reprendre ses couleurs jusqu'à devenir un des plus puissants courants religieux de l'islam. La spécificité de cet énorme corpus, c'est qu'il est fortement marqué par des données d'ordre ésotérique, initiatique et même parfois magique. Il semble reproduire, en la développant sans doute considérablement, l'ancienne tradition chiite.

2) Le Coran

Les recueils chiites de Hadith rapportent, jusqu'au milieu du Xe siècle, un grand nombre de traditions remontant aux imams, traitant d'un sujet aux conséquences si graves que la grande majorité des chiites va l'abandonner à partir de cette époque, reniant ses propres traditions antérieures : le texte officiel du Coran, appelé la vulgate 'uthmânienne (du nom du troisième calife 'Uthmân), n'est qu'une version censurée, altérée de la véritable révélation faite à Muhammad. D'une manière générale, cette vulgate officielle a mis beaucoup de temps à être acceptée de tous, et cela ne se fit pas sans violence. Les sources de différentes natures évoquent par exemple le cas de quelques Compagnons du Prophète, certains parmi les khârédjites ou encore quelques penseurs mu'tazilites, ayant sérieusement mis en doute l'authenticité et donc la légitimité de la recension officielle. Cependant aucun courant religieux ne dispose autant que le chiisme ancien de données multiples, concordantes et systématiques concernant la mise en question de l'intégrité de cette recension du Coran. Il y a d'abord les indications que l'on pourrait qualifier d'indirectes. Certains propos attribués aux imams utilisent, en parlant de la vulgate 'uthmânienne, des termes comme « falsification », « altération », « changement » pour décrire ce qu'ont fait subir les adversaires de Muhammad et de 'Alî au Coran originel. Ensuite, il y a des indications directes, elles aussi plus ou moins diluées dans l'énorme corpus du Hadith. D'après celles-ci, à la mort du Prophète, seul 'Alî, le vrai initié et héritier de Muhammad et son plus intime ami et secrétaire, détenait une recension complète de la Révélation. Ce Coran originel intégral est près de trois fois plus volumineux que la vulgate officielle. La majorité des Compagnons, Abû Bakr et 'Umar – les deux premiers califes – en tête, rejetèrent ce texte et mirent au point un texte falsifié, puisque amputé de ses parties les plus importantes, volume établi et déclaré officiel par le troisième calife 'Uthmân qui ordonna la destruction des autres recensions. C'est que, selon les traditions chiites, cette Révélation originelle contenait un grand nombre de versets où 'Alî et les descendants du Prophète – notamment Fâtima et les imams – étaient nommément cités comme des modèles et des guides par excellence de la communauté. D'autres versets, tout aussi nombreux, dénonçaient explicitement les hommes puissants de la tribu de Quraysh et leur traîtrise à l'égard de Muhammad, de son Livre et de sa religion. De plus, la Révélation intégrale contenait, sous une forme condensée ou symbolique, les mystères du ciel et de la terre, les événements du passé, du présent et de l'avenir. Tout cela fut censuré dans la version officielle « étatique ». Rejeté, menacé de destruction, le Coran intégral fut caché par 'Alî. Il fut ensuite transmis secrètement d'imam à imam pour être révélé à tous, lors de l'avènement eschatologique de l'imam sauveur des Fins des Temps. D'ici là, les musulmans devront se contenter de la version censurée et déformée de la vulgate 'uthmânienne, version issue de la trahison des Compagnons qui signèrent, par leur orgueil impie, la déchéance de la communauté dans sa majorité, en écartant 'Alî de la succession du Prophète et en amputant le Livre de ce qu'il avait de plus profond.

De la monographie de Sayyârî sur la falsification du Coran jusqu'aux grands recueils de 'Ayyâshî ou de Kulaynî, pratiquement toutes les compilations anciennes de hadiths chiites datant du IXe siècle et du début du Xe siècle rapportent un nombre plus ou moins grand de traditions des imams contenant des citations du « Coran intégral », citations qui ne figurent donc pas dans le

Coran que l'on connaît. Un exemple significatif, parmi beaucoup d'autres (les mots et expressions ne figurant pas dans la vulgate sont écrits en italique) : « Ils ne trouveront pas ensuite en eux-mêmes la possibilité d'échapper à ce que tu auras décidé *au sujet de la cause de l'Ami divin* (*i.e.* l'imam) et ils se soumettront *à Dieu pour obéir* d'une manière totale/Si Nous leur avions prescrit : "Faites-vous tuer *et soumettez-vous totalement à l'imam*" ou bien "Quittez vos demeures *pour lui*", ils ne l'auraient pas fait à l'exception d'un petit nombre... » (4, v. 65-66).

Parmi les traditionnistes illustres, Ibn Bâbawayh († 991) semble être le premier non seulement à passer sous silence ces données, mais à adopter une position identique aux sunnites : le Coran officiel est identique au Coran révélé au Prophète. Cette attitude deviendra progressivement, à partir de cette époque, celle du courant majoritaire du chiisme duodécimain. C'est qu'entre-temps étaient survenus deux événements majeurs : 1) l'Occultation du douzième et dernier imam, devenu ainsi « l'imam caché », mettant un terme à la période des imams historiques et 2) l'arrivée au pouvoir des vizirs Bouyides chiites (de 945 à 1055) à Bagdad et leur prise de contrôle du califat sunnite abbasside. Une des conséquences capitales de cette évolution fut la suppression ou la redéfinition des points de divergence générateurs de violence avec le sunnisme. Dans ce contexte, mettre en doute l'intégrité du livre officiel, c'était ni plus ni moins contester l'islam. Ce que les juristes-théologiens chiites protégés des Bouyides, eux-mêmes « protecteurs du califat », ne voulaient ni ne pouvaient se permettre.

Ainsi, la thèse de la falsification du Coran officiel fut abandonnée par les théologiens et exégètes du courant désormais dominant du chiisme duodécimain, et progressivement oubliée par la masse des chiites. Et pourtant à chaque époque, il y eut des auteurs, et non des moindres, qui – par fidélité à la tradition primitive – professèrent de nouveau cette thèse. Ainsi, entre les deux sources scripturaires de l'islam, le Coran et le Hadith, les Rationalistes accordent leur confiance à la première et les Traditionalistes plutôt à la seconde. Le sujet reste encore de nos jours d'une actualité brûlante. Dans les écrits polémiques sunnites et notamment wahhabites contre les chiites (que l'on trouve aussi bien sur papier que sur internet), ces derniers sont très souvent déclarés « hérétiques » à cause de leur mise en question de la version officielle du Coran. Dans leurs réponses, les savants chiites, cherchant à prouver leur « orthodoxie », s'en défendent en argumentant que, depuis plus d'un millénaire, seule une poignée d'auteurs parmi eux ont défendu cette thèse-là et que le reste des chiites ont toujours vénéré, médité, pratiqué, lu et commenté le même Coran que tous les autres musulmans.

D. Initiation et niveaux de la foi

Ce qui vient d'être dit souligne encore une fois s'il en était besoin l'importance de l'enseignement des imams véhiculé par le Hadith, considéré comme le seul moyen d'explicitation du livre énigmatique qu'est le Coran. Rappelons-nous les expressions doctrinales chiites désignant le Coran comme « le Guide muet » et l'imam comme « le Coran parlant ». Le chiisme se présente ainsi comme une religion dont l'objectif est le dévoilement des sens cachés de l'Écriture. Ainsi la foi chiite, désignée par le terme complexe de *walâya*, se perçoit comme la dimension ésotérique du message prophétique. C'est la raison pour laquelle la compréhension de la foi et des différents niveaux de l'enseignement initiatique passe par celle des différents niveaux de sens de la *walâya*. Le terme signifie à la fois « proximité, amitié, amour, alliance » mais aussi « pouvoir, autorité » ou encore « charisme » et « sainteté ». Dans son acception technique chiite, il possède, tout en gardant tous les sens que l'on vient de mentionner, deux significations principales, l'une en relation avec le croyant fidèle, l'autre avec la figure de l'imam.

La *walâya* désigne l'amour, la fidélité, la dévotion et la loyauté que le fidèle-disciple doit à son imam-maître initiateur. « La *walâya*, c'est l'amour », selon le mot lapidaire attribué à l'imam Ja'far. Il aurait également déclaré : « Par

Dieu, si une pierre nous aime, Dieu la ressuscitera avec nous. La foi est-elle autre chose que l'amour ? » Ou encore : « Toute chose a un fondement. Le fondement de l'islam, c'est l'amour à notre égard, nous les Gens de la famille prophétique » (*i.e.* les Quatorze Impeccables). Cependant, dans une doctrine marquée, comme nous l'avons vu, par une conception dualiste du monde, l'amour du maître de sagesse qu'est l'imam ne peut aller sans la haine à l'égard de son ennemi. La *walâya* est donc inséparable de son contraire, la *barâ'a*, la dissociation à l'égard des forces de l'ignorance.

La *walâya* signifie en même temps la mission sacrée des imams et, en ce sens, elle est synonyme de la guidance temporelle et spirituelle des fidèles. On pourrait la traduire aussi par « saint pouvoir » puisqu'il s'agit d'une autorité octroyée par élection divine. Si l'imam est ainsi appelé à diriger sa communauté après le départ du prophète, c'est que la *walâya* constitue, selon la vision duelle que l'on a vue plus haut, le complément indispensable de la prophétie. Le prophète apporte la lettre de la Révélation à la majorité des fidèles, alors que l'imam initie une minorité de fidèles à l'esprit de la Parole divine. « Il y a quelqu'un parmi vous, aurait dit Muhammad, qui combat pour le sens caché spirituel du Coran comme moi-même j'ai combattu pour la lettre de sa Révélation, et cette personne c'est 'Alî. » Toujours en relation avec la personne de l'imam, la *walâya* désigne également la nature essentielle du Guide divin, c'est-à-dire sa réalité secrète en tant que lieu de manifestation des Noms et Attributs divins. Ce dernier sens du terme constitue en quelque sorte le secret ultime du chiisme : la doctrine de la divinité du Guide spirituel, horizon spirituel et modèle par excellence du fidèle initié. Ainsi, dans ses différentes strates, la *walâya* chiite possède plusieurs sens distincts mais en même temps complémentaires et interdépendants : car la mission de l'imam historique est l'initiation à la religion d'amour de la Face de Dieu qu'est l'Imam spirituel cosmique. C'est à cause de cette importance centrale, qu'un très grand nombre de hadiths chiites insistent sur le fait que le Coran « intégral originel » évoquait explicitement ce concept qui constitue le véritable sens et le centre de gravité de toute religion. C'est pour les mêmes raisons que la *walâya* est comptée dans le chiisme parmi les piliers de l'islam, au même titre que la profession de foi, la prière canonique, le jeûne, l'aumône ou le pèlerinage à La Mecque, et souvent présentée comme le pilier central qui soutient et donne sens aux autres. Sans la *walâya*, point de religion.

Ces multiples couches doctrinales se reflètent aussi bien dans le rôle et la définition de l'imam en tant que Guide divin, que dans les différents enseignements et disciplines religieux. L'imam est d'abord le maître incontestable des matières religieuses proprement dites, le savant des sciences exotériques. Son auditoire est ici composé de toutes sortes de disciples : des chiites initiés et non initiés bien entendu, mais aussi des non-chiites. Présentés sous cet aspect, les imams chiites sont également respectés – en plus de leur statut honorable de membres privilégiés de la famille du Prophète – en tant qu'autorités religieuses, par la tradition sunnite. Et pour cause, l'enseignement exotérique de l'imam ne présente pas de traits spécifiquement chiites et peut donc être entendu et appris, sans les choquer, par des non-chiites. À ce niveau, l'enseignement de l'imam comprend par exemple les matières juridiques, la théologie et l'exégèse coraniques exotériques.

À un niveau médian, la figure de l'imam est révélée à travers un enseignement initiatique destiné exclusivement aux chiites. Enfin, l'imam en tant que Face révélée de Dieu constitue l'ésotérique de l'ésotérique (*bâtin al-bâtin*) de l'enseignement chiite, le secret le mieux gardé de la *walâya*. Il n'est révélé qu'aux disciples intimes ayant reçu une initiation particulière faisant d'eux des « croyants éprouvés par Dieu pour la foi ». Ce niveau semble comprendre l'enseignement des couches les plus secrètes des disciplines religieuses, c'est-à-dire les doctrines ésotériques spécifiquement chiites, mais aussi des pratiques initiatiques telles que des prières secrètes, les pouvoirs liés à un certain corps de connaissance comme par exemple le Nom Suprême de Dieu ou encore certains rituels ou « exercices » comme « la vision par le cœur » qui consiste à atteindre la vision de l'imam intérieur, sous forme de lumière, dans le centre subtil du cœur.

E. ÉVOLUTION HISTORIQUE : ENTRE TRADITION ET IDÉOLOGISATION

Il s'agit ici d'offrir quelques jalons importants de l'histoire du chiisme et d'essayer en même temps d'apporter une explication à ce qu'il convient d'appeler « le paradoxe du chiisme » : comment une doctrine qui se définit, dans ses sources fondatrices, comme un enseignement ésotérique et mystique de type quiétiste et apolitique a pu donner naissance en son sein à une idéologie politique telle que le khomeynisme, idéologie qui se trouve à la base de la révolution iranienne de 1978-1979 et qui marqua le début du développement mondial d'un islamisme activiste ?

Selon Henry Corbin, l'histoire du chiisme imamite duodécimain peut être divisée en quatre périodes :

1) Les imams historiques

La première est celle des imams historiques, allant du VIIᵉ au Xᵉ siècle de l'ère commune. Elle est également celle de leurs disciples et adeptes dont certains, véritables penseurs, ont joué un rôle important dans l'élaboration des doctrines chiites. La fin de cette période, qui se termine avec ce que la tradition appelle l'Occultation du douzième imam survenue en 940, correspond à l'avènement d'un fait majeur : la rédaction systématique des premières compilations de traditions, c'est-à-dire la genèse et le développement du corpus du Hadith chiite, contenant l'ensemble des enseignements sacrés attribués aux Quatorze Impeccables, le prophète Muhammad, sa fille Fâtima et les douze imams.

2) De « l'Occultation » à l'invasion mongole

La deuxième période s'étend de l'Occultation du dernier imam, désormais appelé « l'imam caché », à l'invasion mongole au milieu de notre XIIIᵉ siècle. Le début de cette période est marqué par la continuation de la rédaction du corpus du Hadith. Cette époque correspond aussi à l'arrivée au pouvoir des Bouyides chiites au centre du califat et à la formation d'une puissante école de théologiens rationalistes appelée l'École de Bagdad ; il s'agit du courant fondé par Shaykh Mufîd et ses grands disciples. C'est l'époque des grands commentateurs rationalistes du Coran comme Shaykh Tûsî au XIᵉ siècle et Tabrisî au XIIᵉ siècle. Le dernier grand nom de cette période est indéniablement le grand savant Nasîr al-Dîn Tûsî († 1273), mathématicien, astronome, théologien, philosophe et sans doute un des plus grands commentateurs d'Aristote et d'Avicenne.

3) De l'invasion mongole à l'avènement des Safavides

Une troisième période va de l'invasion mongole à l'avènement des Safavides en Iran en 1501 et la déclaration du chiisme comme religion d'État. C'est un temps particulièrement fécond qui voit d'une part l'assimilation, par la pensée chiite, de la philosophie, celle d'Avicenne en particulier, et la formation de « dynasties » de sages avicenniens, singulièrement à Bahreïn, un des centres intellectuels et spirituels les plus riches du chiisme de l'époque, ainsi qu'à Ispahan qui verra la formation de plusieurs familles de philosophes, les Dashtakî et les Davânî notamment. C'est aussi l'époque de l'accueil de deux courants mystiques majeurs : le courant « occidental », issu du grand théosophe andalou Ibn 'Arabî et le courant « oriental » remontant au célèbre sage d'Asie centrale Najm al-Dîn Kubrâ († 1220).

4) Du XVIᵉ siècle à nos jours

La dernière période est celle qui commence avec les Safavides au XVIᵉ siècle et s'étend jusqu'à nos jours. Elle voit la formation du « clergé » chiite et le pouvoir grandissant des religieux (voir plus loin) ; elle est aussi, en Iran notamment, celle d'une véritable Renaissance dans les domaines de la littérature, des beaux-arts, de l'architecture et aussi de la philosophie et de la mystique. Les grandes cités iraniennes deviennent des centres de l'étude, de la transmission et de la production de grandes œuvres philosophiques sous la direction de penseurs décisifs : l'École d'Ispahan avec Mîr Dâmâd († 1631), l'École de Chiraz avec Mollâ Sadrâ († 1640), ou encore les Écoles de Sabzevar, de Mashhad et de Téhéran. Ces courants philosophiques sont encore vivants, grâce surtout à l'enseignement régulier de cette discipline dans les écoles théologiques chiites. Cette période est également marquée par la naissance et le développement des confréries mystiques proprement chiites.

F. RACINES ANCIENNES D'UNE POLITISATION

Pour comprendre l'idéologisation d'une partie du chiisme, celle qui aboutit à la révolution khomeyniste en Iran fondée sur la notion centrale du « pouvoir charismatique du docteur de la Loi » (*walâya al-faqîh* ; selon certains il faut dire *wilâya*, mais cela revient au même), il semble nécessaire de rappeler quelques « moments » historiques constituant autant de tournants majeurs.

D'abord, il faut remonter jusqu'au Xᵉ siècle de l'ère commune correspondant au IVᵉ siècle de l'hégire. Cette période glorieuse de l'âge d'or de la culture et de la civilisation islamique fut également un tournant pour le chiisme et cela pour plusieurs raisons. Premièrement, ce siècle est le « siècle chiite » de l'islam. Les princes chiites iraniens de la famille des Bouyides régnèrent en maîtres à Bagdad, capitale de l'empire, où les califes abbassides sunnites ne furent, pendant plus d'un siècle, que de simples pantins entre leurs mains. Au même moment, les zaydites règnent au Yémen, les hamdânides duodécimains sur certaines régions de la Syrie et de l'Irak, les Fatimides ismaéliens sur pratiquement toute l'Afrique du Nord et certaines régions de la Syrie, les Carmates ismaéliens sur la région du golfe Persique, le sud de l'Iran et certaines parties de l'Arabie du Nord. Ainsi, quelques-unes des plus importantes régions des terres d'islam sont sous domination chiite. Autre point décisif : ce siècle constitue le tournant « rationalisant » de l'islam. Depuis plus d'un siècle a débuté un grand mouvement de traduction des œuvres grecques en arabe. Parmi ces dernières, les lettrés musulmans furent particulièrement fascinés par la dialectique aristotélicienne, le raisonnement logique et ses différents outils intellectuels. Enfin, pour les chiites duodécimains, ce siècle fut celui de la fin de la période des imams historiques.

Pour toutes ces raisons, la communauté duodécimaine vit une époque particulièrement difficile. Ses sources ont d'ailleurs appelé celle-ci « le temps de la confusion » (*hayra*). Les princes bouyides et les théologiens chiites qui fréquentaient leur cour pour justifier leur pouvoir se trouvaient en contradiction avec de nombreux textes scripturaires du corpus du Hadith duodécimain selon lesquels toute activité politique, qu'il s'agisse de révolte contre un pouvoir injuste ou de collaboration avec un pouvoir jugé légitime, est déclarée interdite pour les fidèles : « Toute bannière élevée avant l'avènement de la Fin du temps et le Soulèvement final du Sauveur appartient à un rebelle contre Dieu » ; « Ne cherchez pas à gouverner, ne courez pas derrière le pouvoir ; maudit est celui qui cherche à gouverner et celui qui le suit ; le seul pouvoir juste est celui du Sauveur à la Fin du temps. » Ces traditions, ainsi que de nombreuses autres similaires, projetant le gouvernement du souverain juste et la collaboration légitime avec lui aux temps eschatologiques, invitent le fidèle chiite à adopter une attitude quiétiste et apolitique, à supporter patiemment le fatal règne de l'injustice jusqu'à « la Délivrance » qui sera apportée par l'imam caché, à se tenir à l'écart de l'activité politique effective afin de protéger la pureté de sa foi. Enfin, quant aux lettrés et penseurs chiites, ils avaient un motif supplémentaire d'embarras puisque, en ce siècle de raison triomphante, ils se trouvaient légataires d'un corpus de textes saints, en l'occurrence le corpus du Hadith, très marqués par des caractéristiques ésotériques, mystiques et même magiques. C'est dans ce contexte de crise que la tradition chiite « ésotérique originelle » dominante jusque-là voit s'établir de plus en plus solidement en face d'elle une tradition « juridico-théologique rationaliste » qui prend de plus en plus de distance avec les doctrines de base et les textes qui les véhiculent. Adapter le chiisme au rationalisme, nuancer – voire édulcorer – les doctrines jugées trop déviantes pour ne pas heurter frontalement l'orthodoxie sunnite majoritaire et son « gardien », le calife abbasside tactiquement laissé sur son trône, justifier l'exercice du pouvoir partagé avec les Bouyides, et par-delà ceux-ci avec les Abbassides, telles semblent avoir été les principales occupations des juristes-théologiens bagdadiens de l'ère bouyide.

La doctrine s'engage d'abord sur le chemin de la rationalisation. Les grands noms de ce mouvement sont Shaykh Mufîd († 1022), considéré comme le fondateur de la tendance rationaliste, et son disciple Sharîf Murtadâ († 1044). De même, se met assez timidement en place « la science du Hadith », c'est-à-dire la détermination critique des critères d'authenticité des traditions. La grande figure de ce domaine, le Shaykh Tûsî († 1067), réussit ainsi à conférer aux docteurs de la Loi un statut et un champ d'action quasiment indépendants de la personne de l'imam. Ainsi, ces savants vont-ils progressivement passer sous silence un certain nombre de traditions ésotériques, initiatiques et mystiques portant en elles toute la spécificité chiite, afin que les canons du nouveau rationalisme soient respectés et que les divergences avec l'orthodoxie sunnite soient atténuées.

Autre manifestation d'écart notable du courant rationaliste par rapport aux textes fondateurs : l'activité politique. Face à la tradition selon laquelle le seul pouvoir juste est celui de l'imam caché et invitant le fidèle à se tenir à l'écart du gouvernement, les théologiens proches des Bouyides tenteront d'apporter des solutions alternatives, des relectures et des interprétations nouvelles des traditions, afin d'affronter les problèmes liés au pouvoir. L'œuvre du Shaykh Mufîd tenta de nuancer la tradition pour l'adapter au contexte politique de son époque : il est ainsi permis aux chiites en général et aux juristes-théologiens chiites en particulier de collaborer avec le pouvoir injuste mais légitime, si cette collaboration aboutit à promouvoir les droits de la communauté chiite et à empêcher leur répression. Les deux plus célèbres disciples de Mufîd, Sharîf Murtadâ, déjà mentionné, et son frère aîné Sharîf Radî († 1016), occupèrent l'un après l'autre des postes de haut fonctionnaire de grande importance. L'ambiguïté du second apparaît clairement lorsque, dans un de ses écrits, *Épître sur l'Occultation*, il explique la durée de l'absence de l'imam caché par la tyrannie des califes et la persécution des chiites. Son disciple, le Shaykh Tûsî, va carrément jusqu'à affirmer que tout souverain gouvernant selon la Loi canonique chiite est, tout comme les imams, un souverain juste. Le grand théoricien rationaliste introduit de cette manière une nouvelle thèse rendant légitime l'établissement d'un « pouvoir juste », contrôlé par les docteurs de la Loi, pendant l'Occultation.

La conquête mongole vers le milieu du XIIIe siècle est sans doute un autre tournant. Les grands bénéficiaires en furent les docteurs duodécimains rationalistes puisque leurs deux adversaires historiques, à savoir les Abbassides et les ismaéliens, avaient été balayés devant les cavaliers mongols. Ils consolidèrent leur position en collaborant cette fois-ci avec les nouveaux maîtres de l'empire. Les écrits théoriques de l'époque bouyide avaient besoin d'être relus et réinterprétés. Le pouvoir bouyide, chiite et donc considéré comme légitime, n'avait pas réussi à mettre fin au califat injuste des Abbassides. Les Mongols infidèles accomplirent cet exploit. La position chiite sera résumée par la célèbre sentence d'Ibn Tâwûs († 1266), l'un des plus grands savants duodécimains de l'époque : « Le souverain infidèle et juste est supérieur au souverain musulman et injuste. » Il aidera, ainsi que son illustre contemporain, le grand philosophe Nasîr al-Dîn Tûsî, passé de l'ismaélisme à l'imamisme duodécimain, le Khan mongol Hûlâgû dans sa politique de rétablissement de l'ordre. Du même coup, le rôle social du juriste et la perception de son autorité comme une « nécessité » spirituelle et intellectuelle prennent de plus en plus d'ampleur.

L'arrivée au pouvoir de la dynastie des Safavides (qui règne de 1501 à 1722) en Iran et la proclamation du chiisme duodécimain comme religion d'État constituent un autre tournant décisif. Tirant leur légitimité spirituelle de leur appartenance doctrinale au chiisme, cherchant à convertir tout l'Iran au chiisme, jusque-là majoritairement sunnite, afin de créer un pôle de pouvoir crédible face au califat sunnite des Ottomans, les Safavides éprouvèrent très tôt le besoin de s'assurer d'une solide armature idéologique religieuse. Savants locaux et docteurs venus de la Syrie, de l'Irak et de Bahreïn furent réunis pour mettre en place un appareil religieux, pour ne pas dire une « Église officielle », contrôlé par l'État. Ce système religieux donna naissance à son tour à un corps de docteurs de la Loi qui prit progressivement son indépendance vis-à-vis du pouvoir étatique central. C'est le début de ce qu'on a appelé le « clergé » chiite, clergé qui sera toujours plus organisé, plus hiérarchisé, économiquement et socialement plus puissant. C'est à partir de cette époque que les *mujtahid*-s (grands docteurs de la Loi) vont progressivement obtenir, au nom de l'imam caché, les immenses prérogatives juridiques que la tradition réservait exclusivement aux imams : direction des prières collectives, collecte de certaines taxes religieuses, contrôle de la justice et application des peines légales, déclaration de la guerre sainte offensive, etc., pratiques que le droit traditionnel ancien avait déclarées « en suspens » en l'absence de l'imam.

Sous la dynastie des Qâjârs (qui règne de 1794 à 1925) d'autres pas décisifs seront franchis dans le même sens. Bien que les rapports entre les chahs et les religieux aient été ambigus et parfois conflictuels, il est indéniable que les uns recherchaient la confirmation de leur légitimité auprès des autres, cette légitimité ayant été le souci principal de tous. Les prérogatives des docteurs théologiens, en tant que « porte-parole » de l'imam caché, firent un retour en force avec l'initiative du chef de file des *mujtahid*-s, Ja'far Kâshif al-Ghitâ' († 1812) qui autorisa le souverain Fath 'Alî Shâh à mener la guerre sainte (*jihâd*) contre l'armée du tsar russe : une première dans l'histoire du chiisme après l'Occultation. À la même époque, le grand juriste Mullâ Ahmad Narâqî († 1830) recourut, semble-t-il pour la première fois, à l'expression *walâya* (ou *wilâya*) *al-faqîh* pour désigner la délégation du pouvoir dévolu aux juristes, au nom de l'imam caché et en vertu des privilèges liés au titre de *mujtahid*. Nous avons déjà évoqué la place centrale de cette expression et de son contenu dans la théologie politique de l'ayatollah (titre suprême dans la hiérarchie du « clergé ») Khomeyni, père de la révolution islamique d'Iran. Ce dernier, ainsi que sa doctrine politico-religieuse fondée sur la notion du « pouvoir charismatique du juriste-théologien » sont donc à inscrire dans la droite ligne de l'évolution historique du courant rationaliste. Khomeyni et ses partisans se disent explicitement les continuateurs des penseurs de l'École bouyide de Bagdad, ainsi que les grands docteurs rationalistes de l'époque safavide. À ce titre, la doctrine khomeyniste peut être considérée comme l'aboutissement d'un long processus millénaire qui va de la rationalisation de la doctrine religieuse à son idéologisation.

Bien que logique dans cette mise en perspective, cette doctrine paraît pourtant « révolutionnaire » à deux égards. D'abord, c'est la première fois que tout un courant, parmi les religieux, entre en lutte ouverte avec un pouvoir politique dans l'intention bien arrêtée de le chasser et de le remplacer à la tête d'un grand État. Cette tentative est non seulement, sur le plan strictement doctrinal, en contradiction avec les enseignements des imams, mais c'est aussi la première fois, sur le plan historique, que les rapports entre religieux et souverains, toujours marqués par un certain équilibre, fût-il précaire, sont complètement bouleversés. Ensuite, la doctrine khomeyniste et le discours qui la porte sont « révolutionnaires » en ce qu'ils s'émancipent définitivement de la prudente réserve et de la casuistique classiques, allant jusqu'à déclarer ouvertement sa rupture avec les enseignements attribués aux imams. En cela, le khomeynisme peut sans doute être considéré comme le dernier tournant dans l'évolution du courant rationaliste. Il nous manque encore le recul historique, étant donné la nouveauté des faits, pour pouvoir apprécier les conséquences de ces bouleversements, d'autant plus qu'une dimension messianique y paraît présente aussi. Symptomatique à cet égard semble la succession des titres du « guide » de la révolution islamique de 1978-1979 : « ayatollah » avant et au début de la révolution, puis « représentant de l'imam caché », enfin « imam » tout court. La sacralité de l'imam est ainsi transférée, au moins pour une partie des fidèles, sur la personne du guide politico-religieux de la révolution.

La domination de la tradition juridico-théologique rationaliste au sein du chiisme a su mettre progressivement en place tout un « processus de substitution » : le docteur de la Loi remplaça l'imam, le droit prit la place des enseignements des imams, la *walâya* – amour et fidélité que tout disciple doit à son guide – se métamorphosa en « imitation » du *mujtahid*, l'amour mystique des imams se transforma en un culte doloriste dont les manifestations collectives violentes furent tacitement approuvées, sinon encouragées, par l'autorité cléricale, un clergé officiel et institutionnalisé remplaça les Compagnons initiés des imams. Comme l'a judicieusement souligné le savant allemand Heinz Halm, les docteurs rationalistes, jusqu'aux ayatollahs de notre époque, sont tout sauf des fondamentalistes ; ils en sont même l'exact contraire, tant la distance prise avec les textes fondamentaux, à savoir le corpus des hadiths des imams, est flagrante.

Et l'ancienne tradition ésotérique non rationnelle ? Elle fut isolée, marginalisée, parfois persécutée par le courant rationaliste devenu dominant et conquérant et ce à partir de l'époque bouyide, comme on vient de le voir. Elle ne mourut cependant pas. Appelée, à partir du XIIe siècle, le courant traditionaliste, elle fut constamment représentée et vivifiée par des auteurs isolés, il est vrai, mais particulièrement importants. Par ailleurs, comme nous l'avons dit plus haut, l'époque safavide donna également nais-sance aux grandes écoles de philosophie dans plusieurs cités iraniennes ainsi qu'aux confréries mystiques chiites. Un grand nombre des représentants de ces deux courants sont restés fidèles et se réclament explicitement de la tra-dition originelle, en la rapportant, en la méditant et en la commentant dans leurs écrits, leurs pensées et leurs pra-tiques. Pendant les périodes safavide, qâjâr et plus récem-ment post-révolutionnaire, certains d'entre eux payèrent cher cette fidélité. Et pourtant de nos jours, ils restent encore très nombreux quoique très discrets.

CONCLUSION

L'époque moderne a bien entendu apporté des changements radicaux dans les profondeurs de la pensée musulmane. L'intrusion de la modernité technique et culturelle a entraîné un certain nombre de bouleversements dans les sociétés islamisées :

– Les nouveautés techniques et la pensée scientifique ont fait irruption dans le courant du XIXe siècle. Contrairement à ce que l'on a souvent prétendu, elles n'ont pas posé de problèmes spécifiques aux sociétés musulmanes ; la technologie n'a pas été rejetée, diabolisée. L'éducation générale, le mode de vie quotidien des musulmans se sont adaptés au fil des générations.

– Les conquêtes coloniales ont par contre entraîné des réactions très vives de la part des populations occupées. La pression exercée sur des pays restés indépendants (Iran, Turquie) a aussi suscité de profonds mouvements nationalistes. La religion musulmane a pu être impliquée dans ses réveils, comme un marqueur d'identité fondamental.

Les musulmans ont réagi de façons très diverses à cette situation. Où en sommes-nous ? Notons d'abord la vie sociale d'une grande partie des musulmans croyants, qui vivent dans le monde moderne et pratiquent leur religion en privé, sans bruit et sans conflit intérieur profond. Ils prouvent le mouvement en marchant. Les courants dits « intégristes », cherchant à appliquer dans la vie de la cité des normes de la Loi religieuse, ont pris une autre option, celle d'une religion par essence collective, et militante. Mais dans les deux cas, on notera un déplacement fondamental du centre de gravité de la spiritualité musulmane. On pourrait le résumer comme une translation du « religieux » vers le « sociétal ». L'évolution de fond de la pensée chiite depuis le IXe siècle jusqu'à nos jours, allant d'une spiritualité de type mystique à une théologie politique, en fournit un exemple remarquable. Dans le sunnisme, les intellectuels préfèrent dans la plupart des cas ne pas mettre en cause les fondements théoriques de la pensée traditionnelle, et se contenter de solutions pratiques, sociales. Ainsi, la prééminence, l'infaillibilité du prophète Muhammad n'est pas remise en question. Mais en fait, le rôle du Prophète est profondément modifié, car les enseignements des hadiths ne sont plus vraiment pris en compte dans leur intégralité. Ainsi, le droit musulman, fondé pour une large part sur des hadiths, n'est plus guère appliqué que dans une minorité d'États. Beaucoup de musulmans se disant « croyants » ne pratiquent de fait plus, ou prennent de nombreuses libertés à l'égard de la Loi. Pour simplifier, on peut dire qu'on est passé d'un islam religieux, tourné vers l'obéissance rigoureuse à la Loi (celle des juristes), la connaissance de Dieu (des théologiens), l'aspiration à Lui (des mystiques) vers une religion avant tout éthique. Cette religion peut être pratiquée de façon privée, ou revendiquée dans le cadre de mouvements politiques : elle imprègne des comportements sociaux plus qu'elle ne dérive de choix théologiques.

Et de fait, la théologie semble peu présente dans la vie religieuse des musulmans contemporains. La mystique, affaiblie dans sa dimension sociale, rejoint la pratique intime des croyants fervents. Comme si la fonction occupée par Dieu, Allah, dans la pensée médiévale était actuellement occupée par la communauté elle-même. L'irruption des formes de pensée et de vie sociales modernes consécutive à l'expansion coloniale n'a pas apporté de renouveau dans le domaine propre du *kalâm*. Quelques tentatives de renouvellement virent le jour, comme celle du grand réformateur égyptien Muhammad 'Abdoh, qui rédigea une *Épître sur l'unicité divine* en 1897 ; mais elles étaient fort timides et ne firent pas vraiment école. Au fond, les questions du caractère éternel du Coran ou de la prédestination des actes humains n'intéressent plus l'intelligentsia musulmane, tout entière absorbée par les problèmes de société concrets : résistance face à l'envahisseur colonial, adaptation du droit et de l'éducation aux conditions nouvelles apportées par la modernité... Force est de constater qu'à l'heure actuelle la pensée musulmane est principalement orientée vers l'éthique et/ou le politique. Le rôle de la classe des oulémas de type traditionnel, porteurs de la culture et de la pensée théologique, a été fortement réduit. Une nouvelle classe d'intellectuels, souvent formés dans les universités laïques aux disciplines des sciences humaines et des sciences exactes (mais non aux sciences religieuses !), a pris la parole ; que l'on pense par exemple au succès inouï du « télécoraniste » égyptien contemporain 'Amr Khaled. L'étendue du problème ainsi posé est immense : une communauté religieuse comme celle de l'islam sunnite peut-elle se passer de théologie ?

Cependant, contrairement à l'image figée du musulman souvent entretenue en Occident, l'islam est une religion jeune. Elle recèle encore de vastes potentialités dans l'expression de ses valeurs, de ses symboles et de sa foi.

ANNEXES

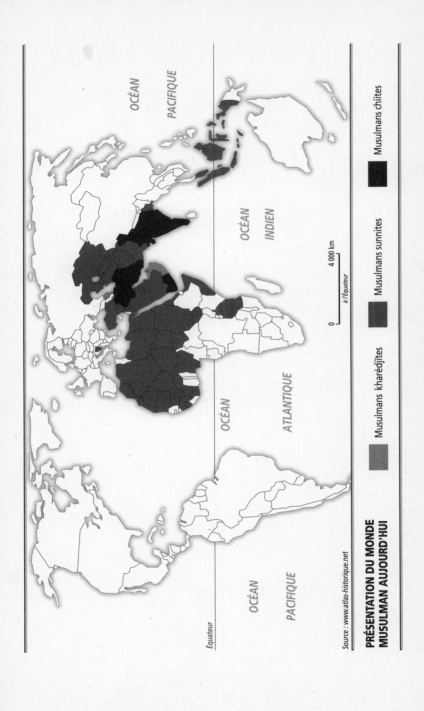

**PRÉSENTATION DU MONDE
MUSULMAN AUJOURD'HUI**

Source : www.atlas-historique.net

ÉquateurÉquateur

OCÉAN
PACIFIQUE

OCÉAN
ATLANTIQUE

OCÉAN
PACIFIQUE

OCÉAN
INDIEN

0   4 000 km

à l'Équateur

Musulmans kharédjites

Musulmans sunnites

Musulmans chiites

Repères chronologiques

629 à 638 : règne du roi Dagobert.

571 : naissance de Muhammad (date approximative).

610 : première révélation coranique à Muhammad.

622 : hégire, émigration du Prophète vers la ville de Médine.

624 : victoire de Badr sur les Mecquois.

625 : bataille de Uhud, qui tourna au désavantage des musulmans.

630 : reddition de La Mecque aux musulmans sans combat.

632 : mort du Prophète. Abû Bakr est élu calife. Il décède en 624.

634-644 : califat de 'Umar. Début de l'expansion militaire musulmane.

636 : conquête de la Syrie.

637 : victoire sur les Perses.

642 : conquête de l'Égypte.

644-656 : califat de 'Uthman. Recension du Coran (653 ?), selon la tradition.

656 : 'Alî est proclamé calife. Son autorité est contestée.

657 : bataille de Siffîn entre 'Alî et Mu'âwia, chef des Omeyyades. Le pouvoir de 'Alî en sort déstabilisé.

661 : 'Alî est assassiné. Début du pouvoir dynastique en islam avec les Omeyyades avec Damas comme capitale.

680 : bataille de Karbalâ en Irak. Husayn, fils de 'Alî (petit-fils de Muhammad) est tué.

711 : une armée musulmane franchit le détroit de Gibraltar ; début de la conquête de l'Espagne. Vers la même époque, des armées arabes conquièrent la vallée de l'Indus.

718 : les Arabes sont repoussés devant Constantinople.

728 : mort de Hasan Basrî.

732 : Charles Martel arrête les Arabes à Poitiers.

750 : la dynastie des Abbassides renverse les Omeyyades. Sa capitale sera Bagdad (fondée en 762) ; elle régnera, de façon purement nominale après le Xe siècle, jusqu'en 1258.

780-809 : règne de Hârûn al-Rashîd à Bagdad.

800 : Charlemagne, empereur d'Occident. Bonnes relations avec Hârûn al-Rashîd.

813-833 : règne du calife éclairé Ma'mûn.

827 : le mu'tazilisme est proclamé doctrine officielle du califat.

922 : exécution du mystique Hallâj.

1065 : fondation de la madrasa Nizâmiyya de Bagdad, premier grand collège universitaire sunnite.

1095 : début de la première croisade.

1099 : prise de Jérusalem par les croisés.

1187 : Saladin reprend Jérusalem aux croisés.

1258 : destruction de Bagdad par les Mongols d'Hûlâgû Khan. Fin des Abbassides.

1453 : prise de Constantinople par les Turcs ottomans.

1492 : chute de Grenade. La « Reconquista » est achevée par Isabelle la Catholique et Ferdinand d'Aragon.

1501 : fondation de l'empire safavide (chiite) en Iran.

1779 : dynastie des Qajar en Perse.

1798 : campagne d'Égypte avec Napoléon Bonaparte.

1924 : abolition du califat ottoman (très affaibli et symbolique) par Mustafa Kemal Atatürk.

1928 : Hasan al-Banna fonde, en Égypte, l'association des Frères musulmans. Il sera assassiné en 1949.

1979 : l'ayatollah Khomeyni prend le pouvoir en Iran.

TABLEAU GÉNÉALOGIQUE DES IMAMS
ET DES GRANDES BRANCHES DU CHIISME

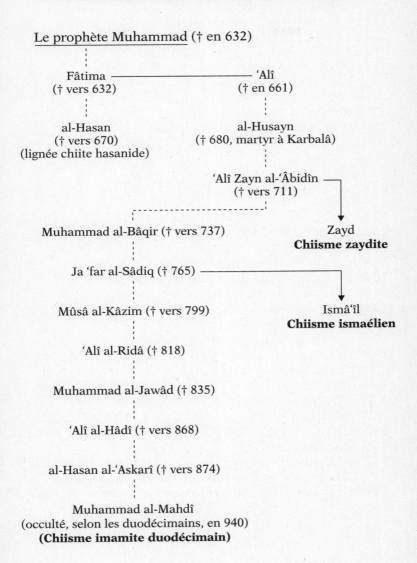

Le prophète Muhammad († en 632)

Fâtima ——————————— 'Alî
(† vers 632)   († en 661)

al-Hasan   al-Husayn
(† vers 670)   († 680, martyr à Karbalâ)
(lignée chiite hasanide)

'Alî Zayn al-'Âbidîn ——
(† vers 711)

Muhammad al-Bâqir († vers 737)   Zayd
                                        Chiisme zaydite

Ja 'far al-Sâdiq († 765) ——————————

Mûsâ al-Kâzim († vers 799)   Ismâ'îl
                                        Chiisme ismaélien

'Alî al-Ridâ († 818)

Muhammad al-Jawâd († 835)

'Alî al-Hâdî († vers 868)

al-Hasan al-'Askarî († vers 874)

Muhammad al-Mahdî
(occulté, selon les duodécimains, en 940)
(Chiisme imamite duodécimain)

Bibliographie sommaire

AMIR-MOEZZI Mohammad Ali, JAMBET Christian, *Qu'est-ce que le shî'isme ?*, Fayard, 2004.

BENKHEIRA Mohammed H., *L'amour de la Loi – Essai sur la normativité en islâm*, PUF, 1997.

BURLOT Joseph, *La civilisation islamique*, Hachette, 1990.

CORBIN Henry, *Histoire de la philosophie islamique*, Gallimard, 1986.

DEROCHE François, *Le Coran*, PUF, « Que sais-je ? », 2005.

GEOFFROY Éric, *Initiation au soufisme*, Fayard, 2003.

MERVIN Sabrina, *Histoire de l'islam – fondements et doctrines*, Flammarion, 2000.

RODINSON, Maxime, *Mahomet*, Seuil, 1994.

WAEL Henri de, *Le droit musulman, nature et évolution*, CHEAM, 1989.

INDEX GÉNÉRAL

844

Composition PCA – 44400 Rezé
Achevé d'imprimer en France par Aubin
en octobre 2008 pour le compte de E.J.L.
87, quai Panhard-et-Levassor, 75013 Paris
EAN 9782290002414
1ᵉʳ dépôt légal dans la collection : août 2007

Diffusion France et étranger : Flammarion